ぐーんっと やさしく

中学国語

◆登場キャラクター

エイタ&フミ
国語マスター修業の旅に出ることになった中学生。
２人とも国語は大のニガテ。
旅ではよく道に迷う。

ニャン吉
国語マスター修業の旅の案内人。
フミとエイタに旅のアドバイスをしてくれる。

←ここから読もう！

何!?この服…。
探検隊…？
あれ見て!!
私はニャン吉。
「国語マスター修業の旅」の案内人です。
ネコがしゃべった!?
私とともに旅をすれば、
国語が解けるアイテムがゲットでき、国語マスターになれちゃいます。
ふむふむ
なるほど…
よーし、早速出発だ!!
そっちは逆だよ。

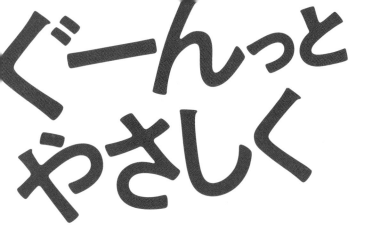

今回の国語のテストも点数最悪だった……。
バツだらけ～
問題集をやってはみたけれど……。
う～ん
あーもう！
どうしたらいいのー!?

もくじ

本書の使い方

テスト前の学習や，授業の復習として使おう！
苦手な部分をこれで解消!!

右の まとめページ と，左の 問題ページ で構成されています。

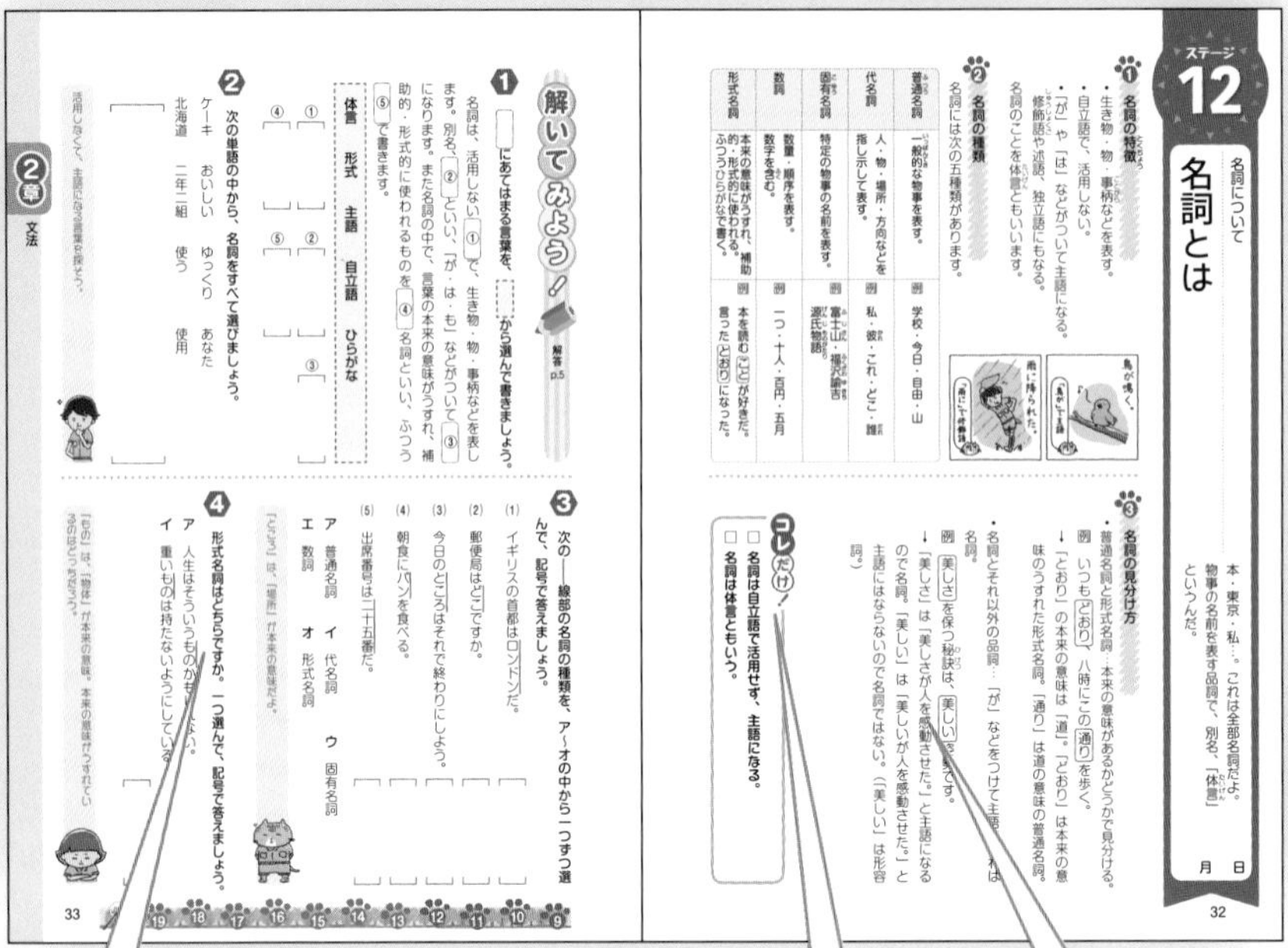

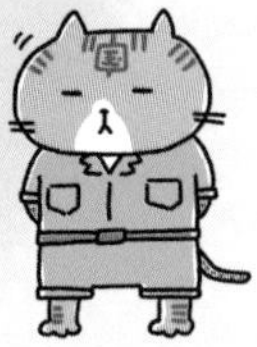

解いてみよう！
右ページで学習したことを覚えたかの確《かく》認《にん》ができるよ。

コレだけ！
これだけは覚えておきたいポイントをのせているよ。

まとめページ
覚えておきたい知識やポイントをのせているよ。

確認テスト
章の区切りごとに「確認テスト」があります。
テスト形式なので，学習したことが身についたかチェックできます。

章末「冒険《ぼうけん》のきろく」
その章で学習した重要ポイントのまとめがのっています。
最後の確認にピッタリ！

別冊解答

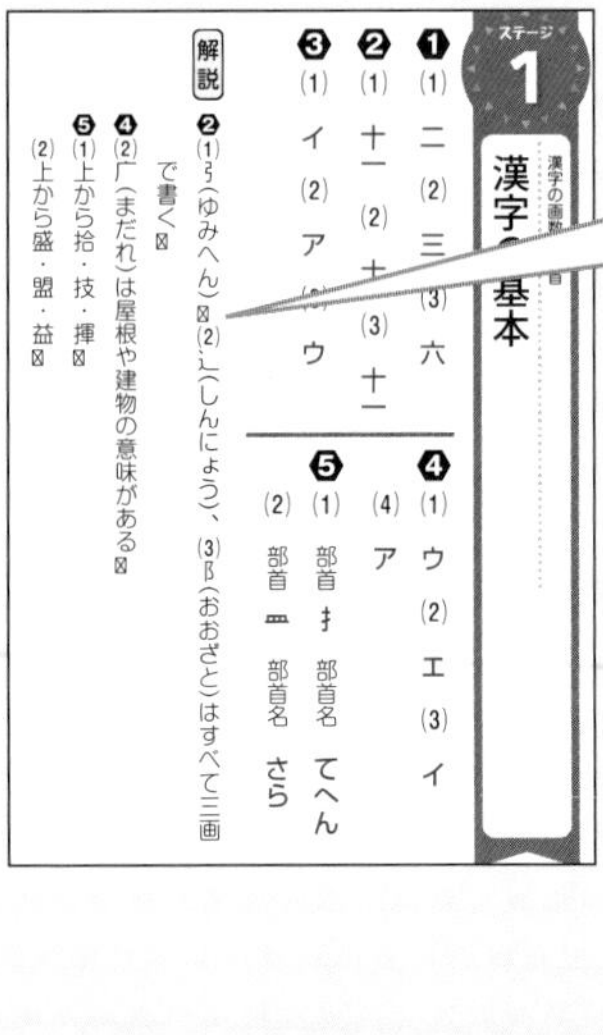

問題の解き方がわかる解説付き。

1章 漢字・語句

ここは漢字・語句の城。

国語マスター修業の旅の第一歩として，基本となる漢字と語句の知識を身につけていこう。気をつけたい漢字や語句を覚えていくよ。

城を探検し，中に隠《かく》された「漢字がすらすら書けるようになるペン」を手に入れよう！

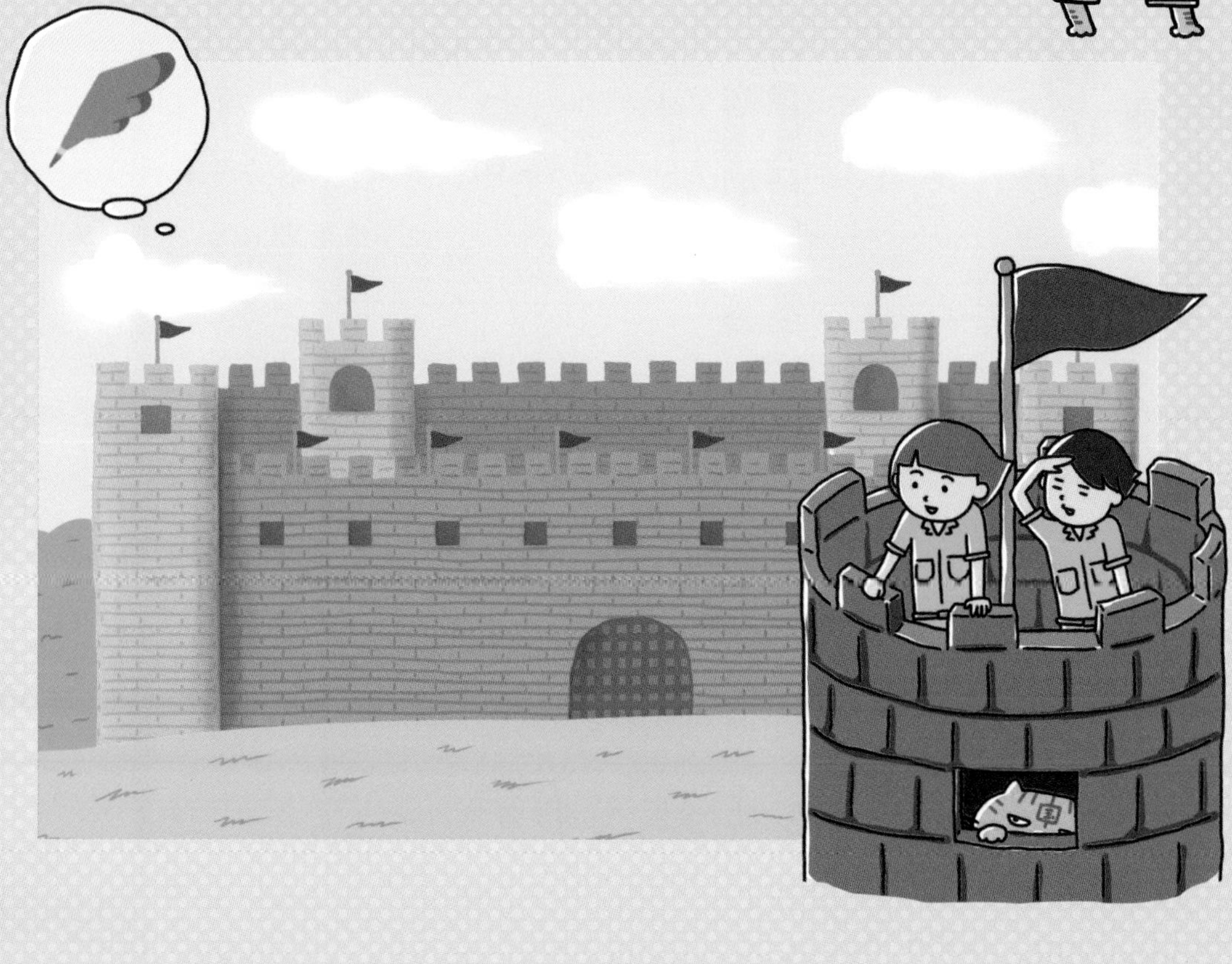

ステージ 1

漢字の画数・部首

漢字の基本

月　日

漢字の部首や画数がわかれば、読み方がわからない漢字も漢和辞典で調べることができるね。

❶ 漢字の画数

・画《かく》…漢字を書くときに、一筆で書く線や点。

・画数（総画数）…一つの漢字を構成する画の総数。

漢字の書き順は、**上から下へ**（一→二→三）、**左から右へ**（丿→ル→川）が大原則です。

一画と数える部分

例 区・引・級・九

二画と数える部分

例 丿→几→風
丬→収→収
犭→犭→犯

三画と数える部分

例 く→幺→幺→糸
フ→了→子
斤→斤→近
聿→建→建

❷ 部首

漢字を形で分類するときの基準となる共通部分。

部首の分類	主な部首名	例字
へん	にんべん てへん	休・仕 持・投
つくり	りっとう おおがい	列・刊 頭・頂
かんむり	うかんむり くさかんむり	家・宇 草・花
あし	さら れっか（れんが）	監・益 熱・然
かまえ	もんがまえ くにがまえ	開・閉 国・囲
たれ	まだれ やまいだれ	広・庭 病・疫
にょう	しんにょう（しんにゅう） そうにょう	進・返 超・起

コレだけ！

□ 画とは、漢字を書くときに一筆で書く線や点。

□「へん」は左側に、「つくり」は右側につく部首。

解いてみよう！

解答 p.2

1 次の漢字の赤で書かれた部分は何画目に書きますか。漢数字で書きましょう。

(1) 反［　　］画目　(2) 健［　　］画目

(3) 机［　　］画目

2 次の漢字の総画数を漢数字で書きましょう。

(1) 強［　　］画　(2) 透［　　］画

(3) 郷［　　］画

一筆で書くのはどこまでかを考えて数えよう。

3 次の漢字の部首の分類を、ア～ウの中から一つずつ選んで、記号で答えましょう。

(1) 坂［　　］　(2) 熱［　　］

(3) 頭［　　］

ア あし　イ へん　ウ つくり

「へん」と「つくり」は左右をまちがえないようにしよう。

4 次の部首をもつ漢字を、ア～エの中から一つずつ選んで、記号で答えましょう。

(1) うかんむり［　　］　(2) まだれ［　　］

(3) もんがまえ［　　］　(4) りっとう［　　］

ア 利　イ 間　ウ 実　エ 康

「利」は「のぎへん」じゃないよ。

5 例にならって、次のそれぞれの漢字に共通する部首と部首名を書きましょう。

(例) □舌・□川　部首［言］　部首名［ごんべん］

(1) □合・□支・□軍　部首［　　］　部首名［　　］

(2) 成□・明□・兴□　部首［　　］　部首名［　　］

同じ部首の漢字には共通する意味があるよ。

ステージ 2

同じ読み方の漢字

同訓異字・同音異義語

「気が会う」？「気が合う」？

答えは「気が合う」。同訓異字《どうくんいじ》・同音異義語《どうおんいぎご》は、使い分けが大切。

月　日

1 同訓異字

訓読みが同じで、意味も似ているけれど、漢字が異なる言葉を**同訓異字**《どうくんいじ》といいます。

例 はかる

- 時間を**計る**。（時間や数量を調べる。）
- 体重を**量る**。（重さ・体積などを調べる。）
- 距離《きょり》を**測る**。（長さ・高さ・面積・深さなどを調べる。）
- 合理化を**図る**。（見通しを立てる。企《くわだ》てる。）

例 おさめる

- カメラに**収める**。（中に入れる。手に入れる。）→収録
- 税金を**納める**。（金や物を渡《わた》す。）→納税
- 学問を**修める**。（学問などを自分のものにする。）→修学
- 国を**治める**。（乱れたものをしずめる。支配する。）→統治

同訓異字で、どの漢字を使うか迷ったら、その漢字を使った熟語を思い出してみるとわかることがあります。

2 同音異義語

発音は同じだけれど、意味が異なる言葉を**同音異義語**《どうおんいぎご》といいます。

例 タイショウ

- 左右**対称**の図形。（向き合う位置にあること。）
- 中学生**対象**の塾《じゅく》。（働きかけの目標となるもの。）
- **対照**的な性格。（比べること。）

例 ツイキュウ

- 利益を**追求**する。（目的のものを追い求めること。）
- 責任を**追及**する。（罪や責任を問い、追いつめること。）
- 真理を**追究**する。（物事を深く研究すること。）

同音異義語は、例文ごとに覚えて使い分けましょう。

コレだけ！

- □ **同訓異字は同じ訓読みで似た意味だが漢字が違《ちが》う。**
- □ **同音異義語は同じ発音だが意味が違う。**

解いてみよう！

解答 p.2

1 次の文に合うものに○を書きましょう。

(1) 小説を｛ア（ ）表す　イ（ ）著す　ウ（ ）現す｝。

(2) 舞台《ぶたい》で主役を｛ア（ ）務める　イ（ ）勤める　ウ（ ）努める｝。

(3) 冷蔵庫の野菜が｛ア（ ）痛む　イ（ ）傷む｝。

(4) 新入生に入部を｛ア（ ）進める　イ（ ）薦める　ウ（ ）勧める｝。

迷ったら、似た意味の熟語を考えてみよう。「新入生をカン誘《ゆう》する」というね。

2 次の文に合うものに○を書きましょう。

(1) 品質｛ア（ ）補償　イ（ ）保障　ウ（ ）保証｝期間は一年です。

(2) 絶好の｛ア（ ）機械　イ（ ）機会　ウ（ ）器械｝を逃《のが》す。

(3) 責任から｛ア（ ）解放　イ（ ）開放　ウ（ ）快方｝される。

(4) ｛ア（ ）以外　イ（ ）意外｝な結果に驚《おどろ》く。

(1)の「補償」は損害を金銭などで補うこと、「保障」は権利や安全を守ること、「保証」は確かだと請《う》け合うこと。

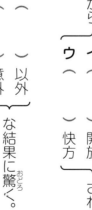

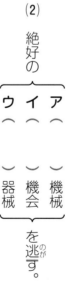

ステージ 3

まちがえやすい漢字

まちがえやすい漢字の読み書き

「野菜のしゅうかく」…「収穫」？「収獲」？
答えは「収穫」。まちがえやすい漢字は言葉の意味をよく考えて書こう。

月　日

まちがえやすい漢字

・字の形がよく似ていて、音も同じ漢字

例 形が似ていて、音も同じ漢字

ケン
- 真剣な顔つき
- 試験を受ける
- 検討を重ねる
- 危険な場所
- 倹約に努める

例 形は似ているが、音が異なる漢字

- 弁当持参《じさん》
- 待合《まちあい》室
- 特別扱《とくべつあつか》い

・字の形をまちがえやすい漢字

例
宜　宣　くっついているかいないか。
喪　衰　「ノ」がつくかつかないか。
未　末　横画の長さに注意！
初　祝　点があるかないか。

・送りがなをまちがえやすい漢字

例
× 短かい　○ 短い
× 確る　○ 確かめる
× 別かれる　○ 別れる
× 分れる　○ 分かれる

違《ちが》う読み方がある言葉は、読み方が変わる部分から送りがなをつけることが多いよ。
例「分かれる」「分ける」

・読みまちがえやすい漢字

例
体裁を気にする　× たいさい　○ ていさい
雑木林を歩く　× ざつきばやし　○ ぞうきばやし
出納帳をつける　× しゅつのう　○ すいとう

コレだけ！
- □ 形の似ている漢字に注意する。
- □ 送りがなをまちがえやすい漢字に注意する。

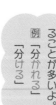

解いてみよう！

解答 p.2

1 次の文の――線部のカタカナを、漢字に直して書きましょう。

(1)
面セキを計算する。
成セキが上がる。
セキ任を感じる。

(2)
ゴミをスてる。
落とし物をヒロう。

(1)も(2)も形の似ている漢字だよ。

2 次の文の――線部のカタカナを、漢字に直して書きましょう。

(1) テン覧会を見に行く。

(2) ミ来を予想する。

(3) セン門家に相談する。

横画の長さ、「、」のあるなしなどに気をつけよう。

3 次の――線部のひらがなを、漢字と送りがなで書きましょう。

(1) 生活をあらためる。

(2) むずかしい問題。

(3) 意見がわかれる。

(1)には「あらためる」「あらたまる」二つの読み方があるね。

4 次の――線部の漢字の読み方を、ひらがなで書きましょう。

(1) 尊い教え。

(2) 通りを歩く。

(3) セーターが縮む。

(4) 若干不安が残る。

「お」と「う」、「ぢ」と「じ」の違いに注意しよう。

ステージ 4

二字熟語

熟語の組み立て①

熟語は組み立ての型を理解することで、意味が理解しやすくなるよ。

月　日

二字熟語の組み立て

二字熟語の組み立てには、主に次のようなパターンがあります。

① 似た意味の漢字を重ねたもの	例 絵画・豊富
② 反対の意味の漢字を重ねたもの	例 強弱・大小
③ 主語（誰《だれ》が・何が）と述語（どうする）の関係のもの	例 頭痛・日没《にちぼつ》
④ 上の漢字が下の漢字をくわしく説明しているもの	例 青空・再会
⑤ 動作を表す漢字の下に、その動作の対象がくるもの	例 読書・登山
⑥ 上に否定の漢字がついたもの	例 無害・不安
⑦ 下に意味をつけ加える漢字がついたもの	例 理性・美化
⑧ 同じ漢字を重ねたもの	例 堂々（堂堂）人々（人人）

③ 頭（が）痛（い）・日（が）没（する）　主語 述語　主語 述語

④ 青（い）空　・　再（び）会（う）

⑤ 読（む）書（を）　・　登（る）山（に）

⑥ 主な否定の漢字
例 無害・不安・非常・未来

⑦ 主な漢字の下について意味をつけ加えるもの
例 病的・美化・理性・必然

⑧の「々」は、同じ漢字を繰《く》り返して書く時に使う符号《ふごう》だよ。

コレだけ！

- □ 熟語の組み立てパターンを覚える。
- □ 上につく主な否定の漢字は「無」「不」「非」「未」。

解いてみよう！

解答 p.2

1 次の熟語の組み立ての説明にあてはまる二字熟語を、□の中から選んで、書きましょう。

(1) 似た意味の漢字を重ねたもの ［　　］

(2) 反対の意味の漢字を重ねたもの ［　　］

(3) 主語と述語の関係のもの ［　　］

(4) 上の漢字が下の漢字をくわしく説明しているもの ［　　］

(5) 動作を表す漢字の下に、その動作の対象がくるもの ［　　］

(6) 上に否定の漢字がついたもの ［　　］

(7) 下に意味をつけ加える漢字がついたもの ［　　］

(8) 同じ漢字を重ねたもの ［　　］

未定　明暗　早春　着席
集合　知的　満々　腹痛

2 次の熟語と同じ組み立ての熟語を、ア〜ウの中から一つずつ選んで、記号で答えましょう。

(1) 身体　(2) 最高　(3) 増減

ア 海水　イ 正誤　ウ 衣服

(1)［　　］　(2)［　　］　(3)［　　］

「最高」は「最も高い」と読むことができるね。

3 次の□に「無・不・非・未」のいずれかを入れて、二字熟語を完成させましょう。

(1) □快 ［　　］

(2) □視 ［　　］

(3) □熟 ［　　］

(4) □凡《ぼん》 ［　　］

「未」はまだそうなっていない状態を表すよ。

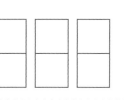

ステージ 5

三字熟語・四字熟語

熟語の組み立て②

「完全」＋「無欠」＝「完全無欠」。四字熟語は二字熟語がもとになってできていることが多いよ。

月　日

① 三字熟語の組み立て

三字熟語の組み立てには、主に次のようなパターンがあります。

① 上の一字が下の二字をくわしく説明するもの	例 総選挙
② 上の二字が下の一字をくわしく説明するもの	例 輸入品
③ 上に否定の漢字がつくもの	例 無理解・不安定・非常識・未完成
④ 下に意味をつけ加える漢字がつくもの	例 個性的・民主化・重要性・旅行用
⑤ 三つの漢字が対等なもの	例 市町村・松竹梅

② 四字熟語の組み立て

四字熟語の組み立てには、主に次のようなパターンがあります。

① 似た意味の二字の熟語を重ねたもの	例 多種多様・自由自在
② 反対・対《つい》の意味の二字の熟語を重ねたもの	例 質疑応答・一長一短
③ 上の二字が下の二字をくわしく説明するもの	例 臨時列車
④ 上の二字と下の二字が主語・述語の関係であるもの	例 意気投合
⑤ 四つの漢字が対等なもの	例 春夏秋冬・東西南北

コレだけ！

□ **熟語のどこで切れるかを考えて、言葉の意味をつかむ。**

解いてみよう！

解答 p.3

1

次の三字熟語の組み立ての説明にあてはまる三字熟語を、[　]の中から選んで、書きましょう。

(1) 上の一字が下の二字をくわしく説明するもの

(2) 上に否定の漢字がつくもの

(3) 三つの漢字が対等なもの

未成年　初対面　衣食住

どこで切れるかを考えて判断しよう。

2

次の三字熟語の組み立てを、ア～ウの中から一つずつ選んで、記号で答えましょう。

(1) 銀世界「　」　(2) 共通語「　」

(3) 大中小「　」

ア 一字＋二字　**イ** 二字＋一字　**ウ** 一字＋一字＋一字

「大中小」は「大」＋「中小」？　「大中」＋「小」？
「大」＋「中」＋「小」？

3

次の四字熟語の組み立ての説明にあてはまる四字熟語を、[　]の中から選んで、書きましょう。

(1) 似た意味の二字の熟語を重ねたもの

(2) 反対・対の意味の二字の熟語を重ねたもの

(3) 四つの漢字が対等なもの

花鳥風月　悪戦苦闘《くとう》　質疑応答

4

次の四字熟語と同じ組み立ての四字熟語を、ア～ウの中から一つずつ選んで、記号で答えましょう。

(1) 起承転結「　」　(2) 自画自賛「　」

(3) 有名無実「　」

ア 心機一転　**イ** 弱肉強食　**ウ** 都道府県

漢字や二字熟語どうしの関係を考えよう。

ステージ 6

類義語・対義語

意味の似た言葉・反対の言葉

「答えを思う」？「答えを考える」？
「答えを思う」っていわないよね。
類義語《るいぎご》は文脈での使い分けが大切だよ。

月　日

① 類義語

似た意味をもつ言葉を類義語《るいぎご》といいます。

① 熟語の一字が同じ字のもの	例 案外＝意外　永久＝永遠 材料＝原料　応用＝活用
② 言葉は違《ちが》うが意味が似ているもの	例 安全＝無事　準備＝用意 進歩＝発達　手段＝方法

・いろいろな類義語

例 泳ぎ＝水泳＝スイミング
集まる＝つどう＝寄《よ》り合う
うるさい＝やかましい＝さわがしい
便所＝トイレ＝手洗い

類義語は意味や語感にわずかな違いがあり、文脈によって入れかえがきかない場合があります。

例 ○ ごはんがうまい。
　 ○ ごはんがおいしい。

例 ○ 野球がうまい。
　 × 野球がおいしい。

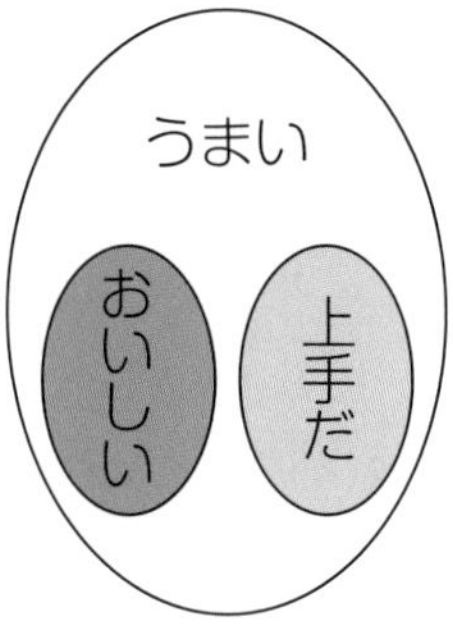

② 対義語

反対・対《つい》になる言葉を対義語《たいぎご》といいます。

① 熟語の一字が反対・対の意味のもの	例 善⇔悪　天⇔地 赤字⇔黒字　下品⇔上品
② 熟語の二字がともに反対・対の意味のもの	例 前進⇔後退　上昇《じょうしょう》⇔下降 温暖⇔寒冷　延長⇔短縮
③ 言葉は違うが意味が反対・対のもの	例 安全⇔危険　現実⇔理想 全体⇔部分　賛成⇔反対
④ 否定の漢字がついて意味が反対・対になるもの	例 安心⇔不安　幸運⇔不運 肯定《こうてい》⇔否定　開発⇔未開

一つの言葉に対義語の関係は一つとは限りません。

例 高い⇔低い（＝高さ）
　 高い⇔安い（＝値段）

　 精神⇔肉体（心と体）
　 精神⇔物質（心と物）

コレだけ！

- □ **類義語とは似た意味をもつ言葉のこと。**
- □ **対義語とは反対・対になる言葉のこと。**

解いてみよう！

解答 p.3

1 次の言葉の類義語を、ア～エの中から一つずつ選んで、記号で答えましょう。

(1) 無事 [　　]　(2) 材料 [　　]

(3) 休憩《きゅうけい》 [　　]　(4) 突然《とつぜん》 [　　]

ア 休息　イ 安全　ウ 不意　エ 原料

類義語は似た意味をもつ言葉のことだよ。

2 次の類義語のうち、文に合うものに○を書きましょう。

(1) { ア（　）基本 / イ（　）根本 } に忠実なフォーム。

(2) 半 { ア（　）永久 / イ（　）永遠 } 的に使える。

(2)は「半□□的」で一つの言葉として使われているんだね。

3 次の言葉の対義語を、ア～エの中から一つずつ選んで、記号で答えましょう。

(1) 感情 [　　]　(2) 否定 [　　]

(3) 義務 [　　]　(4) 寒冷 [　　]

ア 温暖　イ 理性　ウ 肯定　エ 権利

(3)「義務」の対義語は、「あることをする（しないこと）ができる資格」という意味の言葉だよ。

4 次の言葉の対義語を、ア～エの中から一つずつ選んで、記号で答えましょう。

(1) 縮む [　　]　(2) 乗る [　　]

(3) 攻《せ》める [　　]　(4) 散る [　　]

ア 降りる　イ 守る　ウ 伸《の》びる　エ 集まる

対義語には熟語どうしだけではなく、訓読みの言葉どうしの組み合わせもあるよ。

ステージ 7

慣用句

よくでる慣用句

「目を疑う」「鼻が高い」など、慣用句にはからだに関するものが多いよ。

月　日

慣用句

二つ以上の言葉が結びついて、全体としてある特別な意味をもつようになった言葉を慣用句といいます。

・からだに関する慣用句

例 **頭が下がる**
感心し、尊敬する。
顔が広い
知り合いが多い。
口が堅《かた》い
秘密をむやみに人に言わない。
歯が立たない
とてもかなわない。
鼻をあかす
だしぬいて驚《おどろ》かせること。
耳が痛い
弱点をつかれて、聞くのがつらい。
肩《かた》の荷が下りる
責任を果たして楽になること。
手に負えない
自分ではどうすることもできない。

・動物に関する慣用句

例 **鶴《つる》の一声《ひとこえ》**
大勢の意見をおさえて、人々を従わせる、権力者の一言。
雀《すずめ》の涙《なみだ》
ほんのわずかなこと。
猫《ねこ》をかぶる
本性をかくして、おとなしそうにふるまう。
虫がいい
自分勝手で、利己的な態度をとること。

・その他のよくでる慣用句

例 **的を射る**
うまく要点をつかむ。
気が置けない
遠慮《えんりょ》せずに接することができる。
水をさす
うまくいっている人や物事のじゃまをする。

コレだけ！

□ **例に挙げられた慣用句を覚える。**
□ **「気が置けない」の意味に注意する。**

解いてみよう！

解答 p.3

1 次の文の［　］にからだの部分を表す言葉を入れて、慣用句を含《ふく》む文を完成させましょう。

(1) この仕事は私の［　　　］に負えない。

(2) うまくなって、あいつの［　　　］をあかしてやる。

(3) 君の指摘《してき》は正しいだけに［　　　］が痛い。

(4) やっと［　　　］の荷が下りた。

(5) 彼《かれ》の頑張《がんば》りには［　　　］が下がる。

(2)は、「だしぬいて相手を驚かせる」という意味だよ。

2 次の文の――線部を、【　】の言葉を使って、慣用句で表しましょう。

(1) 今月のおこづかいはほんのわずかだった。【雀】

［　　　］

(2) 彼女《かのじょ》は学校では本性をかくして、おとなしそうにふるまう。【猫】

［　　　］

3 ――線部「気が置けない」の使い方として正しいほうを選んで、記号で答えましょう。

ア 山田《やまだ》さんには何度も嘘《うそ》をつかれたので気が置けない。

イ 山田さんとは幼なじみで気が置けない間柄《あいだがら》だ。

［　　　］

「気が置けない」は「気心が知れている」と同じ意味だよ。

ステージ 8

ことわざ・故事成語

覚えたいことわざ・故事成語

短い言葉に多くの意味を含《ふく》むことわざや故事成語をきちんと理解しよう。

月　日

① ことわざ

古くからある、短い言葉で言い表された教訓を**ことわざ**といいます。人生の教訓となるもの、社会に対する風刺《ふうし》(遠回しの皮肉)、生活の知恵《ちえ》などを伝えています。

例 **船頭《せんどう》多くして船山《ふねやま》に上《のぼ》る**

指図する人が多くてまとまりがつかず、物事が進まないこと。

雨降って地固《じ》まる

もめごとのあと、物事がかえって良いほうに落ち着くこと。

情けは人のためならず

他人に親切にしておけばやがて自分に戻《もど》ってくること。

出る杭《くい》は打たれる

才能などが周囲の人よりすぐれている人は、とかく人からねたまれやすいこと。

人の振《ふ》り見て我《わ》が振り直せ

他人の行いの善い悪いを見て、自分の行いを反省し改めなさいということ。

帯に短したすきに長し

中途半端《ちゅうとはんぱ》で役に立たないこと。

② 故事成語

「故事(昔から伝えられているいわれのあるできごとや伝説など)」を背景にした言葉を**故事成語**といいます。特に、中国の古典に由来しています。

例 **漁夫《ぎょふ》の利《り》**

二者が争っているうちに第三者が利益を得ること。

しぎ(鳥)がハマグリ(貝)を食べようとして両者が争っているすきに、どちらも漁師にとらえられてしまったという故事から。

蛇足《だそく》

むだな行為《こうい》、余計なもの。

他山《たざん》の石《いし》

人のつまらない言動でも自分を磨《みが》く助けになること。

矛盾《むじゅん》

前後のつじつまが合わないこと。

コレだけ!

- □ 例に挙げられたことわざと故事成語を覚える。
- □ 「情けは人のためならず」の意味に注意する。

解いてみよう！

解答 p.3

1 次の説明に合うことわざを、ア～エの中から一つずつ選んで、記号で答えましょう。

(1) 指図する人が多くてまとまりがつかず、物事が進まないこと。
(2) 他人の行いの善い悪いを見て、自分の行いを反省し改めなさいということ。
(3) 中途半端で役に立たないこと。
(4) 才能などが周囲の人よりすぐれている人は、とかく人からねたまれやすいこと。

ア 出る杭は打たれる
イ 帯に短したすきに長し
ウ 船頭多くして船山に上る
エ 人の振り見て我が振り直せ

(1)［　　］ (2)［　　］
(3)［　　］ (4)［　　］

アのことわざには、「さしでがましいことをすると制裁を受ける」という意味もあるよ。

2 次の文の□にあてはまる故事成語を、ア・イの中から一つずつ選んで、記号で答えましょう。

(1) その一言がまさに□だったね。
(2) 君の言っていることと、していることは□している。

ア 蛇足　イ 矛盾

(1)［　　］ (2)［　　］

3 ――線部の使い方として正しいほうを選んで、記号で答えましょう。

(1) 情けは人のためならず
ア 手伝わないよ、情けは人のためならずというからね。
イ 喜んで手伝うよ、情けは人のためならずというからね。
［　　］

(2) 他山の石
ア 彼《かれ》の失敗を他山の石として、私たちも気をつけよう。
イ 彼の成功を他山の石として、私たちも見習おう。
［　　］

「他山の石」は、つまらないことでも自分を磨く材料になることをいうよ。

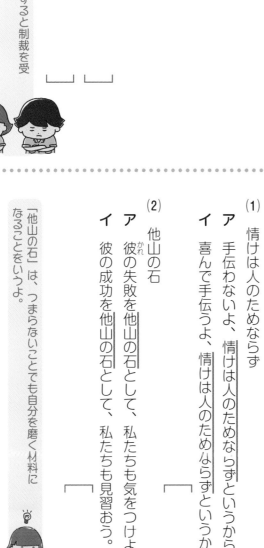

確認テスト

解答 p.4

/100点

月　日

1 次の漢字の部首名をひらがなで、総画数を漢数字で書きましょう。（2点×6） ステージ1

(1) 補　部首名［　　］　総画数［　　］

(2) 笑　部首名［　　］　総画数［　　］

(3) 国　部首名［　　］　総画数［　　］

2 次の文の□に合う漢字を、下から選んで書きましょう。（3点×3） ステージ2

(1) 風邪《かぜ》薬《ぐすり》が□《き》く。　［聞　効］

(2) 祖母を□《たず》ねる。　［訪　尋］

(3) 合理化を□《はか》る。　［計　図］

3 次の文の□に合う熟語を、下から選んで書きましょう。（4点×3） ステージ2

(1) □□《いじょう》気象　［異常　異状］

(2) 運賃を□□《せいさん》する。　［精算　清算］

(3) 食品の□□《えいせい》管理。　［衛星　衛生］

4 送りがなの正しいほうに○をつけましょう。（4点×2） ステージ3

(1) ｛ア（　）暖かい　イ（　）暖い｝部屋。

(2) 祖父母を｛ア（　）敬まう　イ（　）敬う｝。

5 次の熟語と同じ組み立ての熟語を、ア〜ウの中から一つずつ選んで、記号で答えましょう。（3点×3） ステージ 4

(1) 握手《あくしゅ》［　］　(2) 大陸［　］
(3) 年長［　］

ア 弱点　イ 雷鳴《らいめい》　ウ 採決

6 次の□に「無・不・非・未」のいずれかを入れて、熟語を完成させましょう。（4点×4） ステージ 4 5

(1) □足［　］　(2) □理解［　］
(3) □来［　］　(4) □常識［　］

7 次の言葉の対義語を、ア〜ウの中から一つずつ選んで、記号で答えましょう。（3点×3） ステージ 6

(1) 往路［　］　(2) 現実［　］
(3) 内容［　］

ア 理想　イ 復路　ウ 形式

8 次の文の［　］にからだの部分を表す言葉を入れて、慣用句を含《ふく》む文を完成させましょう。（3点×3） ステージ 7

(1) あのチームにはとうてい［　］が立たない。
(2) 母は町内で［　］が広い。
(3) 彼《かれ》は［　］が堅《かた》いので信用できる。

9 次の説明に合うことわざ・故事成語を、ア〜エから一つずつ選んで、記号で答えましょう。（4点×4） ステージ 8

(1) 人のつまらない言動でも自分を磨《みが》く助けになること。
(2) もめごとのあと、物事がかえって良いほうに落ち着くこと。
(3) 二者が争っているうちに第三者が利益を得ること。
(4) 他人に親切にしておけばやがては自分に戻《もど》ってくるということ。

ア 雨降って地固まる　イ 漁夫の利
ウ 他山の石　エ 情けは人のためならず

(1)［　］　(2)［　］　(3)［　］
(4)［　］

冒険《ぼうけん》のきろく－漢字・語句

スタート

漢字の部首のうち、へんは左側に、つくりは右側につくよ。

同じ訓読みで似た意味でも漢字が違《ちが》うものを同訓異字というよ。

同じ発音でも漢字が違い、意味も異なるものを同音異義語というよ。

漢字の上について否定を表す漢字には、無・不・非・未などがあるよ。

三字熟語や四字熟語は、言葉の切れ目に注意して意味をつかもう。

類義語とは似た意味の言葉のことだね。

対義語とは反対・対《つい》になる言葉のことだね。

「気が置けない」のような、意味をまちがえやすい慣用句に気をつけよう。

故事成語は、その言葉がうまれた由来にも気をつけよう。

次は文法の森へ

漢字がすらすら書けるようになるペンを手に入れた！

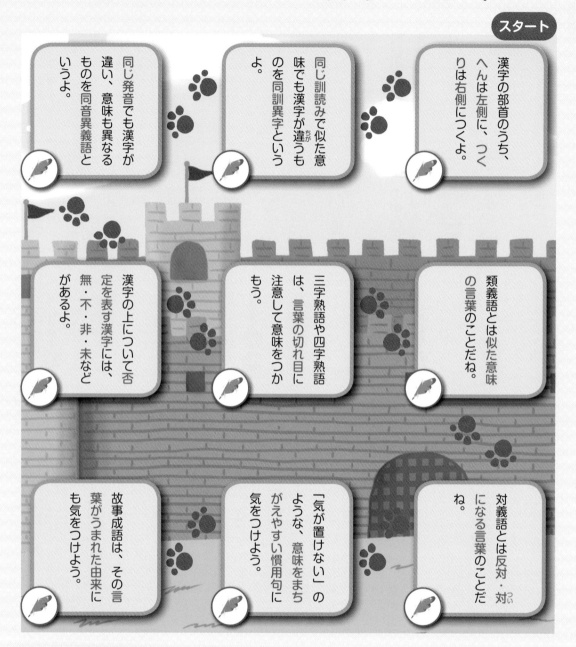

2章　文法

ここは文法の森。

言葉にはいろいろな性質や働きをもつものがあるよ。それぞれの言葉のルールを覚えていこう。ルールを知れば，文がどのように組み立てられているかがわかるようになるよ。

森をぬけて「文法を自由自在にあやつれるようになる杖《つえ》」を手に入れよう！

ステージ 9

文節・単語

言葉の単位

「文章」と「文」の違《ちが》いは？
「文節」と「単語」はどう違う？
言葉の単位をしっかり理解しよう。

月　日

言葉の単位

言葉の単位は、大きいほうから順に次の①〜⑤のように分けられます。

① **文章**…まとまりのある内容を書き表したものの**全体**。

② **段落**…文章の中で内容ごとに分けられたひとまとまり。段落のはじめは、ふつう**一字下げて**書く。

③ **文**…まとまりのある内容を表すひと続きの言葉。最後に「。(**句点**)」をつけて区切る。

文章

段落

最近おどろいたことがあった。(←文)「さわり」という言葉だ。今まで「出だし」の意味だと思っていたが、辞書を引くと、曲中の最大の聞かせどころ、とあるではないか。

段落

「サビはいいから、さわりだけ歌って。」という言い方はまちがいだったのだ。

④ **文節**…発音や意味が不自然にならないところまで、文をできるだけ短く区切ったひとまとまり。文節の切れ目は、文の間に「ネ」「サ」「ヨ」などの言葉を入れて不自然にならないところ。

文節の区切り方

最近ネおどろいたネことがネあった。
ね！
ほんとだ！
不自然じゃない！

⑤ **単語**…これ以上分けると、意味や働きがわからなくなるというところまで細かく分けた、**言葉の最小単位**。

例 最近／おどろい／た／こと／が／あっ／た。
(／が単語の切れ目)

単語には、二つ以上の単語が結びついて一単語になっているもの(**複合語**《ふくごうご》)もあります。

例 勉強＋する＝勉強する

コレだけ！

□ **大きいほうから、文章→段落→文→文節→単語。**

□ **文節の切れ目は文の間に「ネ」などを入れて確認《かくにん》。**

解いてみよう！

解答 p.4

1

[　　]にあてはまる言葉を、[　　]から選んで書きましょう。

言葉の単位を大きいほうから順に表すと①→②→③→④→⑤となります。④は文の間に⑥などを入れて不自然にならないところで区切ります。

段落　単語　文章　文節　文　ネ

①[　　　　]　②[　　　　]　③[　　　　]

④[　　　　]　⑤[　　　　]　⑥[　　　　]

2

次の文章はいくつの文からできていますか。漢数字で書きましょう。

「雨模様」という言葉がある。「あめもよう」とも「あまもよう」とも読む。本来は今にも雨が降りそうなときに使う言葉らしい。

[　　　　]

文の最後につくのは何だったかな。

3

例にならって、次の文を文節に区切りましょう。

(例) 父は／郵便局へ／行った。

(1) 朝食にトーストを食べる。

(2) 彼《かれ》は子供にとてもやさしい。

(3) カレーの材料を買いに行く。

「ネ」などを入れて不自然にならないところで区切ろう。

4

例にならって、次の文を単語に区切りましょう。

(例) 父／は／郵便局／へ／行っ／た。

(1) 朝食にトーストを食べる。

(2) 彼は子供にとてもやさしい。

(3) カレーの材料を買いに行く。

3と4の例文を見くらべて分けてみよう。

ステージ 10

文節どうしの関係

文の組み立て

月　日

「空に雲が浮《う》かぶ。」この文の成分は「雲が」が主語、「浮かぶ」が述語、「空に」が修飾《しゅうしょく》語《ご》だよ。文節ごとに成分を考えるよ。

1 文の成分

全部で五種類あります。

文節を文の中での働きから分類したものを**文の成分**といいます。

- **主語**…「何が」「誰《だれ》が」を表す文節。
  主語は省略されることが多くあります。
- **述語**…「どうする」「どんなだ」などを表す文節。文末にあることが多い。
  述語に「何が?」「誰が?」と問いかけると、主語が見つかります。
- **修飾語《しゅうしょくご》**…他の文節をくわしく説明する文節。
  例 私は（主語（誰が））　図書館に（修飾語（説明））　行く（述語（どうする））。
- **接続語**…文と文、文節と文節をつなぐ文節。
  例 借りたい本がある。だから（接続語（上の文と下の文をつないでいる））、図書館に行く。
- **独立語**…他の文節とは直接関係しない文節。
  例 ねえ（独立語（呼びかけ））、図書館に行かないか。

2 文節どうしの関係

二つ以上の文節がひとまとまりになって、一つの文の成分を表したものを**連文節**といい、**主部**、**述部**などといいます。

- **主・述の関係**…「誰が(何が)」「どうする」の関係。
- **修飾・被《ひ》修飾の関係**…説明する・されるの関係。
  例 私は（主語）　カレーうどんを（修飾語）　食べる（述語・被修飾語）。
- **並立《へいりつ》の関係**…対等の関係。前後を入れかえても意味が変わらない。
- **補助《ほじょ》の関係**…あとの文節の本来の意味がうすれ、前の文節に補助的な意味をそえている関係。
  例 私は（主語）　カレーうどんと　ごはんを（修飾部（何を）・並立の関係）　食べて　いる（述部（どうする）・補助の関係）。

コレだけ!

- □ **文の成分は主語・述語・修飾語・接続語・独立語。**
- □ **主・述の関係は述語からおさえる。**

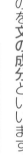

解いてみよう！

解答 p.4

1

□にあてはまる言葉を、［　］から選んで書きましょう。

文の中で「何が」「誰が」を表す文節を①、「どうする」「どんなだ」などを表す文節を②といいます。また、二つ以上の文節がまとまって一つの成分を表すものを③といいます。

［ 連文節　述語　主語 ］

①［　　　］　②［　　　］　③［　　　］

2

次の――線部はどのような文の成分になっていますか。ア〜ウの中から一つずつ選んで、記号で答えましょう。

(1) 疲《つか》れた。だから　早く　帰りたい。［　　］

(2) 風が　とても　さわやかだ。［　　］

(3) おはよう、いい　天気だね。［　　］

ア 独立語　イ 修飾語　ウ 接続語

3

次の□部分と【　】の関係にある文節をそれぞれ選んで、記号で答えましょう。

(1) ア花だんの　イ花が　ウきれいに　［咲《さ》いた］。【主・述の関係】

(2) ［やっと］　ア週末の　イ課題が　ウ終わった。【修飾・被修飾の関係】

(3) ア星を　イながめて　ウ一晩中　［起きて］　エいた。【補助の関係】

(1)［　　］　(2)［　　］　(3)［　　］

どんな関係かに気をつけて選ぼう。

4

次の――線部の文節どうしの関係を、ア〜エの中から一つずつ選んで、記号で答えましょう。

(1) 静かな　曲が　校内に　流れる。［　　］

(2) あの店の　パンは　安くて　おいしい。［　　］

(3) 公園から　弟の　声が　聞こえる。［　　］

ア 主・述の関係　イ 修飾・被修飾の関係
ウ 並立の関係　エ 補助の関係

ステージ 11

品詞について

単語を分類しよう

動詞・形容詞・形容動詞…。これらは全部品詞の名前だよ。それぞれの品詞の特徴《とくちょう》をとらえよう。

月　日

品詞とは

単語を性質や働きによって分類したものを品詞といいます。全部で十種類あります。

品詞分類表

- 単語
  - 自立語
    - 活用しない
      - 主語になる（体言）―――名詞
      - 修飾語《しゅうしょくご》になる
        - 主に用言を修飾する―副詞
        - 体言を修飾する―連体詞
      - 接続語になる―――接続詞
      - 独立語になる―――感動詞
    - 活用する―述語になる（用言）
      - ウ段で終わる―――動詞
      - 「い」で終わる―――形容詞
      - 「だ・です」で終わる―形容動詞
  - 付属語《ふぞくご》
    - 活用しない―――助詞
    - 活用する―――助動詞

名詞を、名詞と代名詞に分けて十一種類とする考え方もあります。

- 自立語…単独で文節を作ることができる、それだけで意味のわかる単語。
- 付属語…単独で文節を作ることができない、それだけでは意味のわからない単語。
- 活用《かつよう》…あとにつく言葉や、文中の働きによって、言葉の形が変わること。

例　私‖は／昨日‖／ピアノ‖を／弾《ひ》い‖た。

‖は自立語、□は付属語、／は文節の切れ目、「弾い」が活用したところ。

〈各品詞の語例〉
- 名詞…私・犬・東京
- 副詞…なぜ・もっと
- 連体詞…大きな・この
- 接続詞…だから・しかし
- 感動詞…おはよう・はい

- 動詞…書く・来る
- 形容詞…うれしい・寒い
- 形容動詞…元気だ・静かです
- 助詞…が・は・も
- 助動詞…です・た

コレだけ！
- □ 十種類の品詞名を覚える。
- □ 自立語はそれだけで意味がわかる。

解いてみよう！

解答 p.5

1 [　] にあてはまる言葉を、[　] から選んで書きましょう。

単語を性質や働きによって分類したものを[①]といいます。主語になるものを[②]、述語になるものを[③]といいます。単語は、それだけで文節を作れる[④]と、それだけでは文節を作れない[⑤]とに分かれます。

用言　体言　品詞　付属語　自立語

①[　　]　②[　　]　③[　　]
④[　　]　⑤[　　]

2 次の説明にあてはまる品詞を、ア〜カの中から一つずつ選んで、記号で答えましょう。

(1) 自立語で活用せず、主に用言を修飾する。[　]
(2) 付属語で活用する。[　]
(3) 自立語で活用し、言い切りの形がウ段で終わる。[　]

ア 助詞　イ 形容詞　ウ 連体詞
エ 副詞　オ 動詞　カ 助動詞

3 次の＝線部が、自立語ならA、付属語ならBの記号で答えましょう。（／は文節の切れ目です。）

・兄が／学校①へ／②行く。
・野球③の／④試合を／する。

①[　]　②[　]　③[　]　④[　]

付属語は、それだけでは意味のわからない単語だよ。

4 次の――線部の品詞名を、ア〜コの中から一つずつ選んで、記号で答えましょう。

・「①わあ、月が②きれいだ。③しかも、風が④とても⑤涼《すず》しい。」
妹⑥が⑦小さな⑧声で⑨つぶやい⑩た。

ア 名詞　イ 副詞　ウ 連体詞　エ 接続詞
オ 感動詞　カ 動詞　キ 形容詞　ク 形容動詞
ケ 助詞　コ 助動詞

①[　]　②[　]　③[　]　④[　]
⑤[　]　⑥[　]　⑦[　]　⑧[　]
⑨[　]　⑩[　]

ステージ 12

名詞について

名詞とは

本・東京・私…。これは全部名詞だよ。物事の名前を表す品詞で、別名、「体言《たいげん》」というんだ。

月　日

❶ 名詞の特徴《とくちょう》

・生き物・物・事柄《ことがら》などを表す。
・自立語で、活用しない。
・「が」や「は」などがついて**主語**になる。修飾語《しゅうしょくご》や述語、独立語にもなる。

名詞のことを**体言《たいげん》**ともいいます。

鳥が鳴く。
「鳥が」で主語
雨に降られた。
「雨に」で修飾語

❷ 名詞の種類

名詞には次の五種類があります。

普通《ふつう》名詞	一般的《いっぱんてき》な物事を表す。	例 学校・今日・自由・山
代名詞	人・物・場所・方向などを指し示して表す。	例 私・彼《かれ》・これ・どこ・誰《だれ》
固有《こゆう》名詞	特定の物事の名前を表す。	例 富士山《ふじさん》・福沢諭吉《ふくざわゆきち》・源氏物語《げんじものがたり》
数詞	数量・順序を表す。数字を含《ふく》む。	例 一つ・十人・百円・五月
形式名詞	本来の意味がうすれ、補助的・形式的に使われる。ふつうひらがなで書く。	例 本を読む[こと]が好きだ。言った[とおり]になった。

❸ 名詞の見分け方

・**普通名詞と形式名詞**…本来の意味があるかどうかで見分ける。

例 いつも[どおり]、八時にこの[通り]を歩く。

→「とおり」の本来の意味は「道」。「どおり」は本来の意味のうすれた**形式名詞**。「通り」は道の意味の**普通名詞**。

・**名詞とそれ以外の品詞**…「が」などをつけて**主語**になれば名詞。

例 [美しさ]を保つ秘訣《ひけつ》は、[美しい]姿勢です。

→「美しさ」は「美しさが人を感動させた。」と主語になるので**名詞**。「美しい」は「美しいが人を感動させた。」と主語にはならないので**名詞ではない**。（「美しい」は形容詞。）

コレだけ！

□ **名詞は自立語で活用せず、主語になる。**
□ **名詞は体言ともいう。**

解いてみよう！

解答 p.5

1 □にあてはまる言葉を、□から選んで書きましょう。

名詞は、活用しない①で、生き物・物・事柄などを表します。別名、②といい、「が・は・も」などがついて③になります。また名詞の中で、言葉の本来の意味がうすれ、補助的・形式的に使われるものを④名詞といい、ふつう⑤で書きます。

体言　形式　主語　自立語　ひらがな

①［　　］ ②［　　］ ③［　　］
④［　　］ ⑤［　　］

2 次の単語の中から、名詞をすべて選びましょう。

ケーキ　おいしい　ゆっくり　あなた
北海道　二年二組　使う　使用

［　　　　］

活用しなくて、主語になる言葉を探そう。

3 次の――線部の名詞の種類を、ア～オの中から一つずつ選んで、記号で答えましょう。

(1) イギリスの首都はロンドンだ。［　］
(2) 郵便局はどこですか。［　］
(3) 今日のところはそれで終わりにしよう。［　］
(4) 朝食にパンを食べる。［　］
(5) 出席番号は二十五番だ。［　］

ア 普通名詞　イ 代名詞　ウ 固有名詞
エ 数詞　オ 形式名詞

「ところ」は、「場所」が本来の意味だよ。

4 形式名詞はどちらですか。一つ選んで、記号で答えましょう。

ア 人生はそういうものかもしれない。
イ 重いものは持たないようにしている。

［　］

「もの」は、「物体」が本来の意味。本来の意味がうすれているのはどっちだろう。

副詞・連体詞とは

副詞・連体詞について

① 副詞の特徴《とくちょう》

- 状態や程度を表す。
- 自立語で、活用しない。
- 主に用言(動詞・形容詞・形容動詞)を修飾《しゅうしょく》する。

② 副詞の種類

副詞には次の三種類があります。

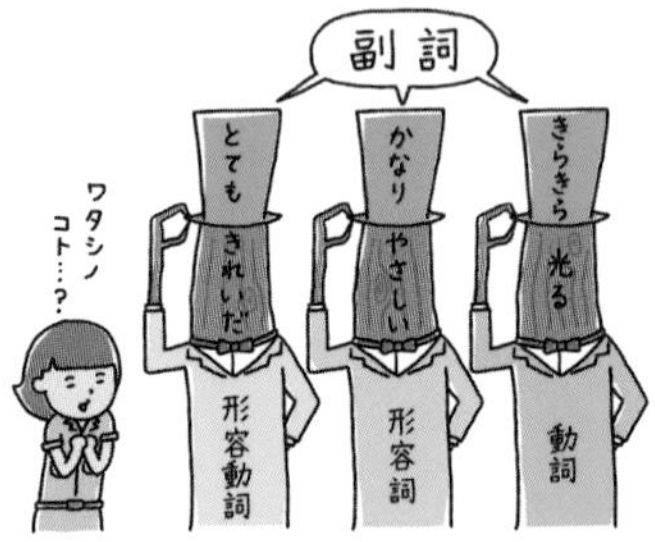

状態の副詞	「どのように」という状態を表す。	例 とぼとぼ 歩く。(→擬態語《ぎたいご》) 雷《かみなり》が ゴロゴロ 鳴る。(→擬音語) のんびり 過ごす。
程度の副詞	「どのくらい」という程度を表す。	例 とても 面白《おもしろ》い。 ＊程度の副詞は、体言(名詞)や副詞を修飾することがある。 例 ずっと 前から。 もっと ゆっくり歩こう。 (「前」は体言、「ゆっくり」は副詞。)
呼応《こおう》の副詞	下に決まった言い方がくる。	例 なぜ 食べないのですか。 まるで 雪のような白さだ。

呼応の副詞は、陳述《ちんじゅつ》の副詞、叙述《じょじゅつ》の副詞ともいいます。

きらきら・まるで…。これは副詞。この・その・小さな…。これは連体詞。副詞は用言、連体詞は体言を修飾《しゅうしょく》するんだ。

月　日

③ 連体詞の特徴

- 自立語で、活用しない。
- 体言(名詞)だけを修飾する。

④ 連体詞の種類

連体詞は数が少ないので主なものは覚えておきましょう。

- 「―の」…この・その・あの・どの
- 「―な」…大きな・小さな・いろんな
- 「―た(だ)」…たいした・とんだ
- 「―る」…ある・いかなる・あらゆる
- 「―が」…我《わ》が

⑤ 連体詞とまぎらわしい言葉

例 どの 本が どこ に置いてあるのかさっぱりわからない。

→「どの」は体言「本」を修飾しているので連体詞。「どこ」は場所を表す代名詞。

コレだけ！

- □ 副詞も連体詞も自立語で活用しない。
- □ 副詞は主に用言を、連体詞は体言のみを修飾する。

解いてみよう!

解答 p.5

1 □にあてはまる言葉を、□から選んで書きましょう。

副詞は、活用しない［①］で、主に［②］を修飾します。副詞の中で下に決まった言い方がくるものを［③］の副詞といいます。一方、連体詞は、活用［④］自立語で、［⑤］だけを修飾します。

用言　体言　呼応　しない　自立語

①［　　］ ②［　　］ ③［　　］
④［　　］ ⑤［　　］

2 次の文から副詞を一つずつ書き抜《ぬ》きましょう。

(1) このケーキはとてもおいしい。［　　］
(2) 今日のことは決して忘れない。［　　］
(3) 大きな声でわんわん泣く。［　　］

活用しない語で、用言を修飾している言葉を探そう。

3 次の□にあてはまる呼応の副詞を、ア〜ウの中から一つずつ選んで、記号で答えましょう。

(1) □お立ち寄りください。［　　］
(2) □彼《かれ》は来ないだろう。［　　］
(3) □本物のように見える。［　　］

ア たぶん　イ ぜひ　ウ まるで

どの言葉と呼応しているのかで判断しよう。

4 次の――線部の中から連体詞をすべて選んで、記号で答えましょう。

ア あの店に入ってみよう。
イ トイレはあちらです。
ウ いろんな本があるね。
エ 用事をいろいろとたのまれた。
オ 君は我が校の誇《ほこ》りだ。

［　　］

連体詞の特徴は何だったかな。特徴をふまえて品詞を区別しよう。

ステージ 14

活用とは

活用とは／語幹と活用語尾の違い／活用形の種類

行く・行くとき・行けば・行こう…。これが活用だよ。文の中の使われ方によって言葉の形が変わるんだ。

月　日

❶ 活用とは

あとにつく言葉や、文中での働きによって、言葉の形が規則的に変化することを活用といいます。

- **活用形**…活用によって変化した単語の形。
- **語幹**《ごかん》…活用しても形の変わらない部分。
- **活用語尾**《ごび》…活用すると形の変わる部分。

本を

語幹	活用語尾			活用形
読	ま	ない。	→	未然形《みぜんけい》
読	み	ます。	→	連用形《れんようけい》
読	む	。	→	終止形《しゅうしけい》
読	む	とき	→	連体形《れんたいけい》
読	め	ば	→	仮定形《かていけい》
読	め	。	→	命令形《めいれいけい》

「読む」という単語が、下にくる言葉で形が変わっている。これが活用。

活用する単語には**動詞・形容詞・形容動詞・助動詞**の四つがあります。

（動詞・形容詞・形容動詞）この三つをまとめて用言といいます。

❷ 活用形の種類

活用形には次の六種類があります。

- **未然形**…**まだそうなっていない**ことを表す形。
  あとに「ない・う・よう」などがつく。
- **連用形**…**用言**などにつながる形。
  あとに「ます・た・て」などがつく。
- **終止形**…**言い切る**形。単語の基本形。
- **連体形**…**体言**（名詞）などにつながる形。
  あとに「とき・ので・こと」などがつく。
- **仮定形**…「もし〜ならば」と**仮定する**形。
  あとに「ば」がつく。
- **命令形**…命令して**言い切る**形。

コレだけ！

□ **活用とは、文中での使われ方によって言葉の形が変化することで、六つの形がある。**

解いてみよう！

解答 p.5

1 □にあてはまる言葉を、□から選んで書きましょう。

あとにつく言葉や、文中での働きによって、言葉の形が規則的に変化することを①といいます。そのとき、形が変わらない部分を②、形の変わる部分を③といいます。①の形は④種類に分けられ、「ます」や「た」に続く形を⑤、「とき」や「ので」に続く形を⑥と呼びます。

連用形　連体形　六　活用　活用語尾　語幹

①［　　］　②［　　］
③［　　］　④［　　］
⑤［　　］　⑥［　　］

あとにつく言葉は、〝ない、た、「。（まる）」、とき、ば、「。（まる）」〟と、リズミカルに覚えてしまおう。

2 「乗る」について、次の問題に答えましょう。

(1) □にあてはまるように、「乗る」を正しく活用させて書きましょう。

・今日はバスに①ないで、自転車に②ます。

①［　　］　②［　　］

(2) 「乗る」の語幹を答えましょう。

［　　］

(2)は、形が変わらなかったのはどこか考えよう。

3 次の——線部の活用形を、ア～カの中から一つずつ選んで、記号で答えましょう。

・チケットが①欲《ほ》しいので、抽選《ちゅうせん》に②応募《おうぼ》した。おそらく③当たらないだろう。しかし、もし④当たれば、⑤うれしい。⑥当たれ。

ア　未然形　イ　連用形　ウ　終止形
エ　連体形　オ　仮定形　カ　命令形

①［　　］　②［　　］　③［　　］
④［　　］　⑤［　　］　⑥［　　］

あとに続く言葉を手がかりに考えよう。あとに続く言葉がなく、言い切る形になっているのは終止形か命令形。

ステージ 15

動詞について

動詞とは

行く・見る・来る・勉強する…。これらは全部動詞だよ。物事の動作や作用や存在《そんざい》を表す重要な品詞なんだ。

月　日

1 動詞の特徴《とくちょう》

- 動作・作用・存在《そんざい》(ある・いる)を表す。
- 自立語で、活用する。
- 言い切る形が**ウ段の音**で終わる。
- **述語**になる。

2 動詞の活用の種類

動詞の活用は、そのしかたで次の五種類に分けられます。

- **五段活用**…ア・イ・ウ・エ・オの五つの段にわたり活用する。
- **上一段《かみいちだん》活用**…イ段だけで活用する。
- **下一段《しもいちだん》活用**…エ段だけで活用する。
- **カ行変格《へんかく》活用**…「**来る**」の一語。
- **サ行変格活用**…「**する**」と「〜**する**」という言い方をする動詞。

	あ行	か行	さ行		わ行
ア段	あ	か	さ		わ
イ段	い	き	し		
ウ段	う	く	す		
エ段	え	け	せ		
オ段	お	こ	そ		を

「活用形」と「活用の種類」をまちがえないようにしよう。

3 活用の種類の見分け方

活用の種類	基本形	語幹/活用形	未然形《みぜんけい》	連用形《れんようけい》	終止形《しゅうしけい》	連体形《れんたいけい》	仮定形《かていけい》	命令形《めいれいけい》
五段	読む	読	-ま -も	-み -ん	-む	-む	-め	-め
上一段	生きる	生	-き	-き	-きる	-きる	-きれ	-きろ -きよ
下一段	食べる	食	-べ	-べ	-べる	-べる	-べれ	-べろ -べよ
カ行変格	来る	○	こ	き	くる	くる	くれ	こい
サ行変格	する	○	さ・し せ	し	する	する	すれ	しろ せよ
続き方			ない・う・よう	ます・た・て	言い切る	とき・こと	ば	命令で言い切る

次の三つの活用の種類は「ない」をあとにつけて見分けます。

「**読ま(ma)ない**」…「ない」の直前の音がア段→五段活用
「**生き(ki)ない**」…「ない」の直前の音がイ段→上一段活用
「**食べ(be)ない**」…「ない」の直前の音がエ段→下一段活用

コレだけ!

- □ **五種類の活用のしかたを覚える。**
- □ **活用の種類は「ない」をあとにつけて見分ける。**

解いてみよう！

解答 p.6

1 [　]にあてはまる言葉を、[　]から選んで書きましょう。

動詞は、[①]や存在を表す品詞です。言い切る形が[②]で終わり、単独で[③]になることができます。五段活用と上一段活用と下一段活用は言葉のあとに「[④]」をつけて見分けます。カ行変格活用は「[⑤]」の一語しかありません。

ない　来る　ウ段の音　述語　動作

①[　]　②[　]　③[　]
④[　]　⑤[　]

2 次の単語の中から、動詞をすべて選びましょう。

ようやく　歩く　いいえ　しかし
ごぼう　美しい　陽気だ　合格する

[　]

「活用すること」と「言い切る形がウ段の音で終わること」の両方にあてはまる言葉を探そう！

3 例にならって、[　]の動詞を正しく活用させて書きましょう。

(例) 池のそばでは、[遊ぶ]ないようにしてください。　[遊ば]

(1) 君に本を[借りる]たままだ。　[　]

(2) スタンプを[集める]ば、景品と交換《こうかん》できる。　[　]

動詞の直後の言葉に注目して、正しい形にしよう。活用表の「続き方」を覚えることも大切だよ！

4 次の動詞の活用の種類を、ア～ウの中から一つずつ選んで、記号で答えましょう。

(1) 立てる　[　]

(2) 信じる　[　]

(3) 渡《わた》す　[　]

ア　五段活用　　イ　上一段活用
ウ　下一段活用

「ない」をつけて、直前の音がア段・イ段・エ段のどの音になるのか、確かめよう！

ステージ 16

形容詞・形容動詞とは

形容詞・形容動詞について

うれしい・楽しい…。これらは形容詞。
元気だ・静かだ…。これらは形容動詞。
どちらも性質や状態を表す品詞だよ。

月　日

❶ 形容詞・形容動詞の特徴《とくちょう》

・性質や状態を表す。

・自立語で、活用し、述語になる（＝**用言**）。

用言とは、自立語で活用があり、それだけで述語になる単語。**動詞・形容詞・形容動詞**の三つです。

・言い切る形が｛形容詞は「い」で終わる。／形容動詞は「だ・です」で終わる。

❷ 形容詞・形容動詞の活用の種類

形容詞の活用は**一種類**だけ、形容動詞は**二種類**あります。

	基本形	語幹／活用形	未然形《みぜんけい》	連用形《れんようけい》	終止形《しゅうしけい》	連体形《れんたいけい》	仮定形《かていけい》	命令形《めいれいけい》
形容詞	楽しい	楽し	-かろ	-かっ -く -う	-い	-い	-けれ	○
形容動詞	静かだ	静か	-だろ	-だっ -で -に	-だ	-な	-なら	○
	静かです	静か	-でしょ	-でし	-です	(-です)	○	○
続き方			う	た・ない・なる	言い切る	とき・ので	ば	

❸ 形容詞・形容動詞の見分け方

・形容詞と形容動詞…**活用語尾《ごび》に注目して見分ける**。

例｛①暖かい部屋。／②暖かな部屋。

→体言である「部屋」に続いているので、①も②も連体形。連体形の活用語尾が「い」になるのは**形容詞**。「な」になるのは**形容動詞**。

・**形容動詞と他の品詞**…文中に「とても」を入れて見分ける。

例｛①彼《かれ》は元気だ。／②大切なのは元気だ。

→「彼はとても元気だ。」といえる①は**形容動詞**。入れると不自然になる②は「名詞＋だ」。

○彼はとても元気だ。

×大切なのはとても元気だ。

コレだけ！

□ **終止形は形容詞が「い」で、形容動詞が「だ・です」。**

□ **形容詞・形容動詞の活用を覚える。**

解いてみよう！

解答 p.6

1 □にあてはまる言葉を、［ ］から選んで書きましょう。

形容詞・形容動詞は、①や状態を表す品詞です。言い切る形が形容詞は「②」、形容動詞は「③・です」で終わります。動詞・形容詞・形容動詞の三つを合わせて④といい、単独で⑤になることができます。

性質　用言　述語　だ　い

①［　　］　②［　　］　③［　　］

④［　　］　⑤［　　］

2 次の単語の中から、形容詞・形容動詞をすべて選びましょう。

美しい　冷たさ　歌う　良い

小さな　静かだ　寒い　きれいです

形容詞［　　］

形容動詞［　　］

言い切りの形が何で終わっているかで判断しよう。

3 次の――線部の形容詞・形容動詞を終止形に直して、書きましょう。

(1) そんなにほしければあげるよ。［　　］

(2) 今日はとても楽しかった。［　　］

(3) 桜が咲《さ》いたらきれいだろうね。［　　］

(4) 簡単な方法を教えます。［　　］

(1)・(2)は形容詞、(3)・(4)は形容動詞だよ。

4 例にならって、あとの文の形容詞・形容動詞に――線を引きましょう。

(例) 今日はとても暑かった。

(1) あと五センチ背が高ければ届くのに。

(2) 明日こそ早く起きよう。

(3) 縁日《えんにち》はにぎやかでした。

(4) 窓からさわやかな風が吹《ふ》く。

(1)・(2)は形容詞、(3)・(4)は形容動詞だよ。

ステージ 17

助動詞について

助動詞とは

「行く」と「行かない」…。ずいぶん意味が違《ちが》うよね。助動詞は言葉にいろいろな意味をつけ加えるんだ。

月　日

① 助動詞の特徴《とくちょう》

・用言や体言、他の助動詞などについて、意味をつけ加えたり、話し手（書き手）の気持ちや判断を表したりする。

・付属語で、活用する。

付属語は助詞・助動詞の二種類あります。

② 助動詞の種類

語	意味
せる させる	使役《しえき》（他に～させる）
れる られる	受け身（他に～をされる） 可能（～できる） 自発（自然とそうなる） 尊敬（相手を敬う）
たい たがる	希望（自分や相手が望むこと）
だ です	断定（はっきりと言い切る）
ます	丁寧《ていねい》（聞き手への丁寧な気持ち）
た	過去（今より前のこと） 完了《かんりょう》（動きが止まること） 存続（状態が続くこと） 想起（思い当たること）

語	意味
ない ぬ（ん）	打ち消し（物事や動作の否定）
まい	打ち消しの意志（～しないつもりだ） 打ち消しの推量（～しないだろう）
う よう	推量（～だろう） 意志（～つもりだ） 勧誘《かんゆう》（一緒《いっしょ》に～しよう）
らしい	推定（根拠《こんきょ》に基《もと》づいて推《お》しはかる）
ようだ ようです	推定（根拠に基づいて推しはかる） たとえ（何かにたとえる） 例示（例をあげていう）
そうだ そうです	様態（外見から判断する） 伝聞《でんぶん》（人から伝え聞く）

③ 助動詞の見分け方

・ない
① もう食べ**ない**。
② まだ食べたく**ない**。

→打ち消しの助動詞「ぬ」に置きかえてみる。「食べぬ」といえる①は助動詞、置きかえられない②は補助形容詞。

○食べぬ
×食べたくぬ

「補助形容詞」とは、語本来の意味がうすれ、補助的に使われる形容詞のことです。

・らしい
① あの人が友達のお兄さん**らしい**。
② 子ども**らしい**絵を描《か》く。

→「どうやら」を補って、「どうやらお兄さんらしい」と意味が通る①は助動詞。意味が通らない②は「子どもらしい」で一語の形容詞。

コレだけ！

□ **助動詞は付属語で活用する。**
□ **助動詞にはどのような種類があるのかを知る。**

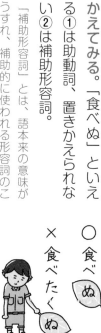

解いてみよう！

解答 p.6

1 ［　］にあてはまる言葉を、［　］から選んで書きましょう。

助動詞は主に用言について［①］をつけ加えたり、話し手の［②］や判断を表したりします。単独では文節を作ることができない［③］で、［④］します。

活用　付属語　気持ち　意味

① ［　　］
② ［　　］
③ ［　　］
④ ［　　］

2 例にならって、あとの文の助動詞に――線を引きましょう。

(例) 今日はとても暑かった。

(1) 犬が散歩に行きたがる。

(2) 一緒に学校へ行こう。

(3) 何か用事があるらしい。

自立語のあとに続く言葉に注目しよう。

3 次の――線部の助動詞の意味をア～エの中から一つずつ選んで、記号で答えましょう。

(1) 先生が話される。［　　］

(2) 友人に笑われる。［　　］

(3) 祖母のことが案じられる。［　　］

(4) このコップは重ねられる。［　　］

ア 受け身　イ 可能　ウ 自発　エ 尊敬

前に「誰《だれ》か(何か)に」があれば受け身、文に「自然と」を補ってもおかしくなければ自発だよ。

4 次の各文の――線部の中から助動詞を一つずつ選んで、記号で答えましょう。

(1)
ア どうしてもうまく描けない。
イ この階にトイレはない。
ウ そんなことをしたら危ない。
［　　］

(2)
ア 中学生らしい態度を心がける。
イ 彼《かれ》の息子《むすこ》は高校生と中学生らしい。
ウ ここからのながめはすばらしい。
［　　］

助動詞の「ない」は「ぬ」に置きかえられるよ。助動詞の「らしい」は文に「どうやら」を補ってもおかしくないよ。

ステージ 18

助詞について

助詞とは

月　日

助詞は数が多い。意味の区別や、他の品詞と見分けることができるようになることが大切だよ。

① 助詞の特徴《とくちょう》

- 自立語のあとについて、意味をつけ加えたり、文節と文節の関係を示したりする。
- 付属語で、活用しない。

② 助詞の種類

- 格助詞…主に体言について後ろの文節との関係を示す。

が・を・に・で・と・から・へ・より・の・や

例 犬が走る。（主語）　月と星。（並立《へいりつ》の関係）

- 副助詞…いろいろな語について意味をつけ加える。

は・も・こそ・まで・しか・だけ・など・でも…など

例 服装は自由だ。（取り立て）　今日こそ勝つ。（強調）

- 接続助詞…主に活用する語について前後をつなぎ、いろいろな関係を示す。

から・ば・と・が・けれど・ながら・ので・て(で)…など

例 雨が降ったので、試合は中止になった。（理由）

- 終助詞…文末や文節の終わりについて話し手(書き手)の気持ちや態度を表す。

か・な・なあ・ぞ・かしら・ね(ねえ)・よ・の・わ…など

例 これはいくらですか。（疑問）

③ 格助詞「の」の見分け方

格助詞「の」は、いくつかの働きをします。

① 私の住む家。
② 私の家。
③ この本は誰《だれ》のですか。

他の言葉に置きかえられるかどうかで判断する。

① 「が」に置きかえられる。→主語を示す。
② 他の語に置きかえられない。→体言を修飾《しゅうしょく》する語を示す。
③ 「(の)こと」「(の)もの」に置きかえられる。→体言の代用。

コレだけ！

□ **助詞は付属語で活用せず、格助詞・副助詞・接続助詞・終助詞の四種類がある。**

解いてみよう！

解答 p.6

1 □にあてはまる言葉を、[　]から選んで書きましょう。

助詞は活用しない①です。主に体言について後ろの文節との関係を示す②、いろいろな語について意味をつけ加える③、主に活用する語について前後の文や文節をつなぐ④、文や文節の終わりについて気持ちや態度を表す⑤の四種類に分けることができます。

付属語　終助詞　格助詞　接続助詞　副助詞

①［　　］　②［　　］　③［　　］
④［　　］　⑤［　　］

2 次の――線部の助詞の種類をア～ウの中から一つずつ選んで、記号で答えましょう。

(1) 友人と話しながら歩く。［　　］
(2) まだあきらめるな。［　　］
(3) パソコンで資料を作成する。［　　］

ア 格助詞　イ 接続助詞　ウ 終助詞

3 次の文の□にあてはまる助詞を、ア～ウの中から一つずつ選んで、記号で答えましょう。

・友人に、「海と山、どちらが好き①？」と聞かれた。友人②、海がいいと言う。私は海③山が好きだ。木々に囲まれていると安心するのだ。

ア より　イ か　ウ は

①［　　］　②［　　］　③［　　］

「より」は比較《ひかく》の規準を表す格助詞だよ。何と何を比較しているだろう。

4 次の――線部の格助詞「の」の働きをア～ウの中から一つずつ選んで、記号で答えましょう。

(1) あじさいの花が咲《さ》いている。［　　］
(2) 雨の降る日のできごとだった。［　　］
(3) 薬を飲むのが苦手です。［　　］

ア 主語を示す　イ 体言を修飾する語を示す　ウ 体言の代用

「が」に置きかえられれば主語、「こと」「もの」に置きかえられれば体言の代用だよ。

ステージ 19

敬語

敬語について

敬語は主に尊敬語・謙譲語《けんじょうご》・丁寧語《ていねいご》の三つに分けられるよ。場面に応じてこの三つを使い分けることが大切だよ。

月　日

1 敬語とは

話題の中の人物や、聞き手への敬意を表したものを敬語といいます。

2 敬語の種類

- 尊敬語…動作(行為《こうい》)をする人に対して敬意を表す。自分や身内の動作には使わない。

例　校長先生がお話しになる。

→「話し」ている校長先生に対する敬意を表す。

「話す」のは校長先生

- 謙譲語《けんじょうご》…動作(行為)が向かう相手に対する敬意を表す。

例　校長先生のお話をうかがう。

→お話を「聞く」のは自分。自分の動作をへりくだることで動作が向かう相手(校長先生)への敬意を表す。

「うかがう(聞く)」のは自分

- 丁寧語《ていねいご》…聞き手(読み手)に対する丁寧さを表す。

例　本です。　ありがとうございます。　ありがとうございます。

3 尊敬語と謙譲語の表現方法

特別な敬語表現（行く・来る〜言う）

語	尊敬語	謙譲語
動詞全般《ぜんぱん》	お(ご)〜になる 〜れる・られる	お(ご)〜する
行く・来る	いらっしゃる おいでになる	参《まい》る・うかがう
食べる	召《め》し上《あ》がる	いただく
いる	いらっしゃる おいでになる	おる
見る	ご覧《らん》になる	拝見《はいけん》する
する	なさる	いたす
言う	おっしゃる	申《もう》す・申し上げる

コレだけ！

- □ 敬語には、尊敬語・謙譲語・丁寧語がある。
- □ 特別な形の敬語を覚える。

解いてみよう！

解答 p.7

1 □にあてはまる言葉を、▭から選んで書きましょう。

敬語には、動作をする人に対する敬意を表す［①］、動作が向かう相手に対する敬意を表す［②］、聞き手に対する丁寧さを表す［③］の大きく三種類があります。自分や身内の動作には①を使わないなど、使い分けることが大切です。

謙譲語　丁寧語　尊敬語

①［　　］ ②［　　］ ③［　　］

2 次の――線部の敬語の種類をア～ウの中から一つずつ選んで、記号で答えましょう。

(1) こちらでございます。［　　］

(2) お客様がお帰りになる。［　　］

(3) お客様をお迎《むか》えする。［　　］

ア 尊敬語　イ 謙譲語　ウ 丁寧語

相手の動作は尊敬語、自分の動作は謙譲語だよ。

3 次の――線部を特別な表現を使って【　】の敬語に書き直しましょう。

(1) 先生が来る。【尊敬語】［　　］

(2) 私が行く。【謙譲語】［　　］

(3) 先生の絵を見る。【謙譲語】［　　］

(4) 先生が絵を見る。【尊敬語】［　　］

特別な敬語表現は右ページの表で確認《かくにん》しよう。

4 敬語が適切に使われているほうを選んで、記号で答えましょう。

(1) ア 母はのちほどいらっしゃいます。
イ 母はのちほど参ります。［　　］

(2) ア どうぞご自由にお召し上がりください。
イ どうぞご自由にいただいてください。［　　］

(3) ア 父がよろしくとおっしゃっておりました。
イ 父がよろしくと申しておりました。［　　］

動作をする人が誰《だれ》かを考えよう。自分や身内の動作に尊敬語は使わないよ。

確認テスト

解答 p.7

/100点

月　日

1 例にならって、次の文を文節に区切りましょう。（3点×2） ステージ9

(例) 兄は／病院へ／行った。

(1) クラスで合唱の練習を始めた。

(2) 祖父は朝から釣《つ》りに出かけている。

2 例にならって、次の文を単語に区切りましょう。（4点×2） ステージ9

(例) 兄／は／病院／へ／行っ／た。

(1) クラスで合唱の練習を始めた。

(2) 祖父は朝から釣りに出かけている。

3 次の――線部の文節どうしの関係を、ア〜エの中から一つずつ選んで、記号で答えましょう。（4点×3） ステージ10

(1) 野球の　練習が　終わった。　［　　］

(2) 校庭の　片隅《かたすみ》に　ボールが　あった。　［　　］

(3) 汚《よご》れて　いたので　水で　洗った。　［　　］

ア　主・述の関係　　イ　修飾《しゅうしょく》・被《ひ》修飾の関係

ウ　並立《へいりつ》の関係　　エ　補助《ほじょ》の関係

4 次の――線部の品詞名を、ア〜コの中から一つずつ選んで、記号で答えましょう。（3点×6） ステージ11

①雨が　②急に　③ザーッと　④降ってきた。⑤しかし、空は⑥明るい。

ア　名詞　　イ　副詞　　ウ　連体詞　　エ　接続詞

オ　感動詞　　カ　動詞　　キ　形容詞　　ク　形容動詞

ケ　助詞　　コ　助動詞

①［　　］　②［　　］　③［　　］

④［　　］　⑤［　　］　⑥［　　］

5 連体詞はどちらですか。一つ選んで、記号で答えましょう。（4点×2） ステージ13

(1)
ア　今日は部活がある。
イ　ある人から聞いた話。
［　　］

(2)
ア　おかしな顔をする。
イ　おかしい顔をする。
［　　］

6

次の□にあてはまる呼応の副詞を、ア～オの中から一つずつ選んで、記号で答えましょう。（4点×3） ステージ13

(1) □行かないのですか。 ［　　］

(2) 練習したのに□うまくならない。 ［　　］

(3) □断られることはないだろう。 ［　　］

ア たぶん　イ ぜひ　ウ もし
エ どうして　オ 少しも

7

「飲む」を次の□にあてはまるように活用させて書きましょう。（4点×4） ステージ15

(1) これを□ば、元気になる。 ［　　］

(2) 薬はできるだけ□ない。 ［　　］

(3) 薬を□ときは水が良い。 ［　　］

(4) いいから早く□。（命令） ［　　］

8

次の各文の――線部について、(1)は品詞が同じものを、(2)は意味が同じものをア・イの中から一つ選んで、記号で答えましょう。（4点×2） ステージ17

(1) ちっとも眠《ねむ》くない。
ア テレビが面白《おもしろ》くない。
イ 今日は外に出ない。 ［　　］

(2) 先生にほめられる。
ア 先生が来られる。
イ 友人に助けられる。 ［　　］

9

次の――線部が尊敬語ならア、謙譲語《けんじょうご》ならイ、丁寧語《ていねいご》ならウの記号で答えましょう。（4点×3） ステージ19

(1) 作品をゆっくりとご覧になる。 ［　　］

(2) これから図書館に行きます。 ［　　］

(3) 大変おいしくいただきました。 ［　　］

冒険《ぼうけん》のきろく―文法

スタート

文節の切れ目は文の間に「ネ」などを入れて確認《かくにん》しよう。

文の成分は主語・述語・修飾語《しゅうしょくご》・接続語・独立語の五つだよ。

自立語は単独で文節が作れるけれど、付属語は単独で文節が作れないよ。

動詞の五段活用・上一段活用・下一段活用は、単語のあとに「ない」をつけて見分けよう。

自立語で活用する単語は、動詞・形容詞・形容動詞。三つまとめて用言といったね。

名詞は自立語で活用せず、体言ともいうよ。

形容詞の終止形は「い」で、形容動詞の終止形は「だ・です」となるよ。

助動詞は付属語で活用し、助詞は付属語で活用しないよ。

敬語には、尊敬語・謙譲語《けんじょうご》・丁寧語《ていねいご》の三種類があるよ。

次は小説・随筆の海へ

文法を自由自在にあやつれるようになる杖《つえ》を手に入れた！

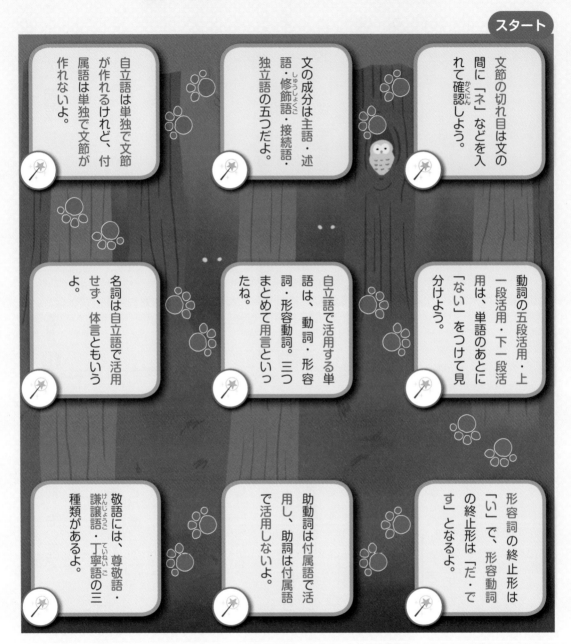

3章　小説・随筆

ここは小説・随筆《ずいひつ》の海。

広くて深い物語の海を探検しよう。どのような場面なのか，登場人物はどのような気持ちなのか，作者は読み手に何を伝えたいのか，などを読み取る方法を学んでいくよ。

海をめぐって，海底に眠《ねむ》る「場面や気持ちがわかるようになる水晶《すいしょう》」を手に入れよう！

ステージ 20

小説って？

文学的文章の特徴と構成

1 小説とは

小説とは、作者の想像によって作り出された架空《かくう》のできごとを、自由な形式で書いたもののことです。

2 小説の構成要素

小説は、次のような要素で作られています。

例

十月最初の土曜日の朝、たかしが目を覚ますと、卵焼きのいいにおいが部屋中にただよっていた。室内はほんのり明るい。急いでカーテンを開ける。

——よし、晴れたぞ！

階段を下りると、おべんとうをつめていた母さんがにっこり笑って言った。

「運動会、晴れてよかったわね」

そう、今日は待ちに待った運動会の日なのだ。

「うん！」

うきうきする気持ちをおさえきれず、スキップしながら、たかしは洗面所に向かった。

時間
場所
登場人物
時間
登場人物たちの会話
登場人物の心情

小説の読解では、場面を理解することで、問題を解くときにどこを見ればいいかがわかりやすくなるんだよ。

月　日

- 時間（いつ）…日時や時間、季節、どんなことがある日か、など。
- 場所（どこ）…登場人物が今いる土地、施設《しせつ》、位置、など。
- 登場人物（誰《だれ》）…実際に場面に登場している人物。
  - 登場人物の会話…登場人物が声に出して言っている言葉。
  - 登場人物の心情…登場人物の気持ちを説明する部分。
- できごと…起こっている事件。

これらすべてを合わせて場面と呼びます。

コレだけ！

□ **時間、場所、登場人物、できごとなどから、物語の場面を理解する。**

解いてみよう！

解答 p.7

次の文章を読んで、問題に答えましょう。

りんちゃんは坊主頭《ぼうずあたま》で右側のおでこの上にイナズマ型のソリコミをしている。りんちゃんがいうには、きわめつけのオシャレだそうだ。青年団のロン毛のキーちゃんが、イナズマ小僧《こぞう》というあだ名をつけてよんでいる。つばさには、りんちゃんの頭のソリコミもちょっとまぶしかった。ソリコミが示すように、りんちゃんにはキモのすわったところがあるし、いさぎよかった。

「①まだそのあたりにいるかもしんねえ。熊《くま》だぜ」

「うん」

一本松《いっぽんまつ》は見えないが、公民館からは一キロもなかった。

「七時まで時間はある。ちょっと行ってみるべ」

「どこに？」

「一本松」

つばさはごくっとつばをのんでしまった。②ぜったい行きたくない。出くわしたらと思うとこわかった。犬や猫《ねこ》ではない。野生の熊だ。つめのある手でぶっさかれ、生きたままガリガリかじられたらどうするんだ。でも、やめようとはいえなかった。

「熊がでたらどうする？」

「でたら逃《に》げるべ」

「うん」

おくびょう者にはなりたくない。しかたなくつばさも一本松に行くことになった。

〈最上一平《もがみいっぺい》『夏のサイン』より〉

---

(1) 「りんちゃん」について説明している段落を探し、最初と最後の五字を書き抜《ぬ》きましょう。（句読点も一字に含《ふく》みます。）

最初 □□□□□

最後 □□□□□

「りんちゃん」の外見や性格について説明している段落を探そう。

(2) ①まだそのあたりにいるかもしんねえ。熊だぜとありますが、この言葉を言った人物を、**ア**～**ウ**の中から一つ選んで、記号で答えましょう。

ア つばさ　**イ** りんちゃん

ウ キーちゃん

［　　］

(3) ②ぜったい行きたくないとありますが、どこへ、何をしに行くのがいやなのですか。**ア**～**ウ**の中から一つ選んで、記号で答えましょう。

ア 公民館へ青年団の見学に行く。

イ 一本松へ人を助けに行く。

ウ 一本松へ熊を見に行く。

［　　］

ステージ 21

人物像を読み取る

どんな人物なのか

登場人物の人物像を正確に読み取ることで、その人物の気持ちや行動の理由を理解しやすくなるよ。

月　日

① 人物像についての情報

人物像を理解するには、登場人物についての次のような情報に注意します。

- 名前や年齢《ねんれい》、性別などの基本的な情報
- 外見についての情報
- 生《お》い立ちや境遇《きょうぐう》についての情報
- 立場や今の状況《じょうきょう》、人間関係についての情報
- 性格や物事の見方、考え方についての情報

② 人物像の読み取り方

小説では、次のような部分から人物像についての情報を読み取ります。

- 登場人物の紹介《しょうかい》をしている文
- 登場人物の行動や会話が書かれている文

人物像

人物像を読み取ってみましょう。

例　さとしには、問題が起こったときでも、物事を良いほうに考えるところがあった。
たとえば、親友のけんたと教室でプロレスごっこをしていて置いてあった花びんを割ってしまったときにも、真っ青になっているけんたの横で、さとしは一人、「大丈《だいじょう》夫《ぶ》」と平気な様子で笑っていたのだった。

「問題が～物事を良いほうに考える」
→「さとし」の性格が説明されている。

「さとしは～笑っていた」
→「さとし」の様子・行動が説明されている。

「さとし」が楽天的な人物であることがわかる。

コレだけ！

□ **年齢、外見、生い立ち、物事の見方、考え方などの情報に注意して、登場人物の人物像を理解する。**

解いてみよう！

次の文章を読んで、問題に答えましょう。

解答 p.8

「おまえにはリズム感がある！」

そいつは、いきなり俺《おれ》を「おまえ」呼ばわりして、目の前に人差し指突《つ》きつけてそう言った。旧《きゅう》音楽室に入って、面接みたいに椅子《いす》向かい合わせて座《すわ》った瞬間《しゅんかん》だった。

「あの……ふつう、先に自己《じこ》紹介とかせえへん？」

俺がそう言うと、そいつは出した人差し指を二、三回クルクルッと回してから引っこめた。俺はトンボとちゃうぞ、と言いたい。けど、そんな変なことしながらも、そいつの目ぇがずっとマジなままなので、俺は不気味で何も言えない。

一見、髪型《かみがた》も顔立ちも華奢《きゃしゃ》な優等生タイプの男前なのに、言動はすごく変なそいつは、椅子に深く座りなおして腕組《うでぐ》みして、言った。

「僕《ぼく》は、二年一組の菅野七生《かんのななお》や。吹奏楽部《すいそうがくぶ》の部長兼《けん》指揮者兼ドラムメジャー*。もともとはパーカッションをやってる」

ケン、ケン……って、ずっと片足で歩いてるみたいな奴《やつ》やなあ。とにかく、こいつがこのクラブでいちばん偉《えら》いわけなんかな。

〈風野潮《かぜのうしお》『ビート・キッズ』より〉

＊ドラムメジャー＝吹奏楽のマーチングバンド（行進しながら演奏する楽隊）で指揮者を務める人。

---

(1) そいつとは誰《だれ》のことですか。文章中から氏名を書き抜きましょう。

［　　　　　］

「自己紹介」しているセリフから読み取ろう。

(2) そいつの性格として最も適切なものを**ア**〜**ウ**の中から一つ選んで、記号で答えましょう。

ア わがままで他人にめいわくをかけても気にしない性格。

イ 乱暴《らんぼう》で他人の気持ちを想像することができない性格。

ウ 自分のペースで思うままに振《ふ》る舞《ま》う自由な性格。

［　　］

「そいつ」の言動から考えよう。

(3) 「俺」は、そいつをどのような立場の人物だと考えましたか。次の文の□に入る言葉を文章中から六字で書き抜きましょう。

・吹奏楽部で□□□□□□人物。

ステージ 22

心情を読み取る

気持ちの探し方

どんな人物が出ているかがわかったら、次は一番重要な「登場人物の気持ち」を読み取ろう！

月　日

小説に出てくる人物たちは、場面場面でさまざまな感情をもちます。これらの気持ちを読み取ることが小説を読むときに一番重要です。

次のような言葉には注意しましょう。

1 気持ちそのものを表す言葉

気持ちそのものをズバリ表す言葉に注意します。主に次のようなものがあります。

喜《よろこ》び・楽しみ	怒《いか》り・不安	悲しみ
・うれしい ・面白《おもしろ》い ・すっきりする ・ほこらしい	・怒《おこ》る ・心配する ・腹《はら》が立つ ・あせる	・さびしい ・むなしい ・せつない ・孤独《こどく》

2 登場人物たちの顔つきや行動を表す言葉

文章に書かれたその人の顔つきや行動を表す言葉から、その人がどんな気持ちでいるかを考えましょう。

例　肩《かた》をおとす。→がっかりする

胸をなで下ろす。→安心する

足がすくむ。→おそろしがる

眉間《みけん》にしわを寄《よ》せる。→ふきげんである

3 周囲の景色を表す言葉

小説では、景色が登場人物の気持ちとつながっていることが多くあります。景色の説明にも注意しましょう。

- 空が輝《かがや》いている。
- さわやかな風が吹《ふ》く。 } →明るい気持ち
- どんよりした空が広がっている。→暗い気持ち

コレだけ！

□ **気持ちを表す言葉、顔つきや行動を表す言葉、景色を表す言葉から、登場人物の気持ちを読み取る。**

解いてみよう！

解答 p.8

次の文章を読んで、問題に答えましょう。

葉奈《はな》と宇希恵《うきえ》は同じ高校のゴルフ部員。全国三位の宇希恵に対し、なかなか成績の上がらない葉奈。しかし、宇希恵は葉奈の実力を認めており、葉奈をライバルだと言う。

「あんた?」

葉奈は［　　］する。いい間違《まちが》えたのだろう。そんなはず、ある訳ない。

「そう。あんた。葉奈」

宇希恵はきっぱりという。

「私が? どうして? だって私なんか宇希恵の足下《あしもと》にも及《およ》ばないじゃない」

笑《え》みが消えてびっくり顔になる。

「理由は秘密。それをいったら葉奈が強くなって私が負けることになるから」

「何いってんのよ。冗談《じょうだん》でしょう? からかっているなら怒るからね」

いささかムッとする。①葉奈は立ち止まって宇希恵をにらむ。小学生の時はいい勝負だったけど、いまではまるで実力が違う。宇希恵の才能と努力はすごい。それは認めるにしても、だからといってからかっていいということはない。

宇希恵も立ち止まって振《ふ》り向き、②まじまじと葉奈を見つめる。

「まじめな話だよ。正確にいうとライバルは二人。葉奈と私。小さい頃《ころ》にそう決めた」

〈川上健一《かわかみけんいち》『ライバル』より〉

(1) 文章中の［　　］に入る言葉を、ア～ウの中から一つ選んで、記号で答えましょう。

ア 苦笑《くしょう》　イ いらいら　ウ 興奮

［　　］

(2) ①葉奈は立ち止まって宇希恵をにらむとありますが、このときの葉奈の気持ちを答えましょう。

［　　］

(3) ②まじまじと葉奈を見つめるとありますが、このときの宇希恵の気持ちとして最も適切なものを、ア～ウの中から一つ選んで、記号で答えましょう。

ア 葉奈のことを本心からライバルだと思っている。

イ 葉奈が怒っているのを楽しんでいる。

ウ 葉奈の態度に怒っている。

［　　］

ステージ 23

心情の変化を読み取る

気持ちの変化の探し方

小説では、気持ちの変化が文章の重要なポイントになることが多いよ。

月　日

1 気持ちの変化

小説では、**できごと**によって**気持ち**が**動く**という変化が繰《く》り返されています。

例　運動があまり得意でないエイタが、駅伝の大会に出ることになった。とてもゆううつな気分だが、他のメンバーに迷惑《めいわく》をかけたくなかったので、毎朝走ることにした。

ある日、チームで一番足の速い田中《たなか》君が、朝、一人で黙々《もくもく》と走っている姿を見かけた。

エイタは、自分も頑張《がんば》ろうという気持ちになり、十分《じっぷん》余計に走ることにした。

できごとが起こる前の気持ち
ゆううつな気分。

↓

きっかけとなるできごと
田中君が、一人で走っている姿を見かけた。

↓

できごとが起きたあとの気持ち
自分も頑張ろうという前向きな気持ち。

ゆううつな気分から前向きな気持ちに変化しているね。

2 気持ちの変化の探し方

気持ちの変化は、次のように探すことができます。

① **どのようなできごとがあったかを確認《かくにん》する。**

② **できごとの前後に注意する。**
気持ちは、できごとによって変化します。できごとの前後に注意して**気持ちの変化**を見つけましょう。

③ **景色を表す言葉に注意する。**
文章全体を通しての気持ちの変化は、情景描写《びょうしゃ》にそれとなく示されている場合が多くあります。

例　くもり空から青空へ→気分が晴れる。

コレだけ！
□ **できごとの前後で気持ちがどう変化したかを見つける。**

解いてみよう！

解答 p.8

次の文章を読んで、問題に答えましょう。

〈夏休み最後の日、生まれて初めてのメガネを作りにメガネ屋さんにやってきたなっちゃんは、メガネをかけることに気が進まないでいた。そこへ、同じクラスでただ一人メガネをかけている川野《かわの》さんがメガネの調整にやってきた。〉

「明日から二学期だから、ほら、ドライブの前にお父さんが車を洗ったり点検したりするのと同じ」

あ、そうか、となっちゃんはうなずいた。べつに「メガネはすごいんだ」と言われたわけではないけど、そういうのって、なんかカッコいいな、と思った。

クリーニングや調整が終わるのを待つ川野さんに付き合って、なっちゃんもお店に残ることにした。お母さんは「いい？　だいじょうぶ？　ちゃんとメガネをかけて帰ってくるのよ」と何度も念を押《お》して、先に帰った。

最初はメガネ姿を川野さんに見られることも嫌《いや》だった。とっさにはずそうとして、メガネに手も伸《の》びた。

でも、川野さんは「似合うよ、なっちゃん」と言ってくれた。「いいフレーム選んだんだね」とも言ってくれた。お母さんや店員さんにほめられたときとは違《ちが》って、「ほんと？　そうかなあ、自分だとよくわかんないけど……」と急に照れくさくなって、もじもじしてしまって、でも、なんとなく、胸がふわっと温《ぬく》もった。

〈重松清《しげまつきよし》『虹色《にじいろ》メガネ』より〉

(1) 「なっちゃん」は、メガネをかけることに対してはじめはどのように思っていましたか。次の文の□に入る言葉を、文章中から八字で書き抜《ぬ》きましょう。

・メガネ姿を□□□□□□□□だった。

(2) 「なっちゃん」がメガネをかけることに対して良い印象を持つようになったきっかけは何ですか。次の文の□に入る言葉を、文章中から四字で書き抜きましょう。

・川野さんが「□□□□」と言ってくれたこと。

(3) なんとなく、胸がふわっと温もったとありますが、これはどのような気持ちですか。ア～ウの中から一つ選んで、記号で答えましょう。

ア うれしいと思う気持ち。
イ はずかしくてたまらない気持ち。
ウ ほめられて得意になる気持ち。

［　　］

ステージ 24

主題を読み取る

主題の探し方

月　日

小説の主題は、読者が文章全体から感じ取るものなんだよ。

❶ 主題とは

小説の主題とは、作品に込《こ》められた**作者が最も伝えたいこと**です。

小説では、できごとを通して主題が伝えられます。**主題が直接文字で語られることはほとんどない**ので注意しましょう。

❷ 主題の見つけ方

① 次のようなことに注意して、作品の設定をつかみます。
- どんな登場人物がいるか。
- 登場人物どうしの関係はどうか。
- どんなできごとが起きているか。

② できごとの経過や結果、登場人物の心情の変化から、作品の**クライマックス（盛り上がり部分）**を見つけます。

③ 盛り上がりに至る場面の変化、心情の変化を理解し、**作者が何を言おうとしてこのクライマックスを用意したのか**を考えます。

主題を読み取ってみましょう。

例　電車で座《すわ》っていたら、次の駅でおばあさんが乗ってきた。
しばらく迷ったけれど、勇気をふりしぼって「どうぞ」と言ってみた。
おばあさんはちょっと驚《おどろ》いて、そして笑顔《えがお》で「ありがとう」と言うと、ゆっくり腰《こし》をかけた。
自分が少し好きになれた。

主題＝勇気の大切さ、勇気を出して何かをした後の喜《よろこ》び。

コレだけ！

□ **場面の変化や登場人物の気持ちの変化などを理解して、その文章の主題を見つける。**

解いてみよう！

解答 p.8

次の文章を読んで、問題に答えましょう。

〔中学一年生の「私」は、中原《なかはら》、千秋《ちあき》、西澤《にしざわ》と四人で、リコーダーアンサンブルを組んでいる。次は、四人が卒業式で演奏している場面である。〕

最後だ、と吹《ふ》きながら、また思った。一つひとつの音が宝物のように思える。もう、ほんとに息が苦しくなってきた。でも、①この演奏を終えたくなかった。息を合わせて気持ちを合わせて、四つの音を重ねていく、この音色、私たちの演奏、そして、私たちのつながり、あと少しでなくなってしまう、このすべてが、②どんなに大事だか……。目の隅《すみ》で、いつも他の三人を見ている。みんながみんなを見ている。みんながみんなの音を聴《き》いている。ほんとにほんとに息がきつそうな西澤。それでも揺《ゆ》るぎないバスのおおらかな響《ひび》き。疲《つか》れても、なお美しく歌いあげる千秋のアルト。これだけ集中して本気で吹き続けても、まだ何かやらかしそうな、いたずらっぽい中原の目。

三組の最後の人の名前が呼ばれた時、目の奥《おく》がじわりと熱くなった。

どんな演奏をしていたのか、わからない。大きなミスがなくてよかった。でも、そんなことすら、どうでもいいような気がした。

吹き終えた四人は、なんだか、ぼうっとした顔で、互《たが》いをじろじろ見ていた。最初に笑顔を見せたのは、やっぱり中原だった。ゆっくり伝染《でんせん》するように、西澤が笑い、私と千秋も笑った。

〈佐藤多佳子《さとうたかこ》『FOUR』より〉

(1) ①この演奏を終えたくなかったとありますが、なぜですか。次の文の□に入る言葉を文章中から四字で書き抜《ぬ》きましょう。

・演奏を終えると四人の□□□□がなくなってしまうと思ったから。

(2) ②どんなに大事だかとありますが、「私」がこの演奏を大事に思っていることがわかる部分を文章中から十七字で探し、最初の五字を書き抜きましょう。

□□□□□

(3) この文章の主題は何ですか。最も適切なものを、**ア**～**ウ**の中から一つ選んで、記号で答えましょう。

ア アンサンブルを解散する悲しみ。
イ 仲間と一つの事をやり終えた達成感。
ウ 卒業していく先輩《せんぱい》たちへの感謝の思い。

〔　　〕

演奏を終えた四人の笑顔に、共通する感情は何かな。

ステージ 25

随筆の特徴と構成

随筆って？

月　日

日本で有名な随筆《ずいひつ》といえば『枕草子《まくらのそうし》』。本当にあったことに対する感想が自由に思いつくまま書かれているんだ。

1 随筆とは

随筆《ずいひつ》とは、筆者が、自らの体験や本を読んで得た知識などについて、考えたり感じたりしたことを自由に書きつづった文章のことをいいます。

2 随筆の構成要素

随筆は、**体験**と**考え**で構成されています。

- **体験**…筆者が見聞きしたことや体験したことが書かれている。
- **考え**…体験に対して筆者が感じたこと、考えたことが書かれている。

体験
腕ずもうに負けた…
考え
次勝つためにきたえようと思う
ヤレヤレ

3 随筆と小説の違《ちが》い

小説は**架空《かくう》**の話の中で、**登場人物の心情**が、随筆は**筆者の体験**に基《もと》づく、**筆者の考え（感想）**が描《えが》かれています。そのため、随筆のほうが、何について書いてあるのか、それについて筆者がどう考えているのかがはっきりしています。

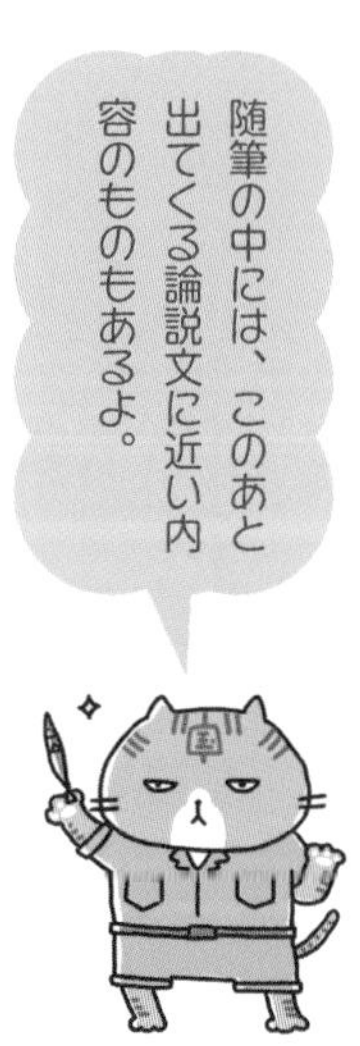

随筆の中には、このあと出てくる論説文に近い内容のものもあるよ。

コレだけ！

☐ **随筆とは、主に、筆者の体験とその体験に対する筆者の考えが書かれたもの。**

解いてみよう！

解答 p.9

次の文章を読んで、問題に答えましょう。

父、母、祖母、弟や妹達が食卓《しょくたく》にならんで、朝ごはんを食べている。小学生の私は、お櫃《ひつ》の上にノートをひろげ、国語の教科書を見ながら「桃太郎《ももたろう》」の全文を写し取っている。登校の時間は迫《せま》っているのに、まだ宿題は大方残っていて、私は、半ベソをかきながら書いている。

「どうしてゆうべのうちにやって置かない。癖《くせ》になるから、誰《だれ》も手伝うことないぞ」

大きなごはん茶碗《ちゃわん》を抱《かか》えた父がどなっている。祖母は、いつものように殆《ほとん》ど表情のない顔で、そばの青い瀬戸《せと》の大きい火鉢《ひばち》で海苔《のり》をあぶり、大人は八枚に切り、子供はそれを更《さら》に二つに切ったのを、海苔のお皿とよんでいた九谷《くたに》の四角い皿に取り分けている。母は、

「落着《おちつ》いてやれば間に合うんだから、落着きなさい」

といいながら、お弁当をつめたり、お代《かわ》りをよそったりしている。ごはんのお代りのたびに私はノートを持ち上げ、手を休める。お櫃のふたをとると、鼻の先に赤んぼうのおむつを開けた時のような湯気が立ちのぼった。勉強机もあるのにどうしてお櫃の上で宿題をやったのか、理由はわからないのだが、心細くて自分の部屋ではやっていられなくなったのだろう。

この時の宿題は、間に合ったのかどうか記憶《きおく》にないのだが、丸いお櫃の机がひどく書きづらかったこと、おなかのあたりがポカポカとあたたかかったことは今でも薄《うす》ぼんやりと覚えがある。

〈向田邦子《むこうだくにこ》『あだ桜』より〉

＊お櫃＝炊《た》き上がったご飯を移し入れて保存しておく、木製の器《うつわ》。
＊瀬戸・九谷＝どちらも陶器《とうき》の産地の名称《めいしょう》。

---

(1) 本文にはどのような場面が描かれていますか。次の文の□に入る言葉を文章中から四字と二字で書き抜《ぬ》きましょう。

・家族が□□□□を食べている中、私一人がお櫃の上で□□をやっている場面。

(2) 私は、お櫃の上にノートをひろげとありますが、「私」がそのようにしていた理由を、大人になった筆者はどのように考えていますか。文章中から二十六字で探し、最初の五字を書き抜きましょう。

□□□□□

大人になった筆者の視点から書かれている部分を探そう。

(3) 大人になった筆者の視点から書かれている内容として最も適切なものを、ア〜ウの中から一つ選んで、記号で答えましょう。

ア　宿題が完成して本当によかった。
イ　苦労や感じた温度は覚えている。
ウ　二度と「桃太郎」は読みたくない。

[　　]

ステージ 26

筆者の主張

随筆における筆者の主張

随筆《ずいひつ》の読解では、筆者が体験（見聞）を通して、どのような考えを述べているのかを読み取ることが重要だよ。

月　日

1 随筆の読み取り方

随筆《ずいひつ》においては、筆者の体験（見聞）と、そこから生まれた筆者の考え（感想）とを読み分けることが大切です。筆者が、自分の体験や見聞を紹介《しょうかい》することで、何を伝えたかったのかを読み取ります。

2 主張とは

考えの中で、特に筆者が伝えようとする意見を**主張**といいます。体験を通して、どのような主張を述べているのかを読み取りましょう。

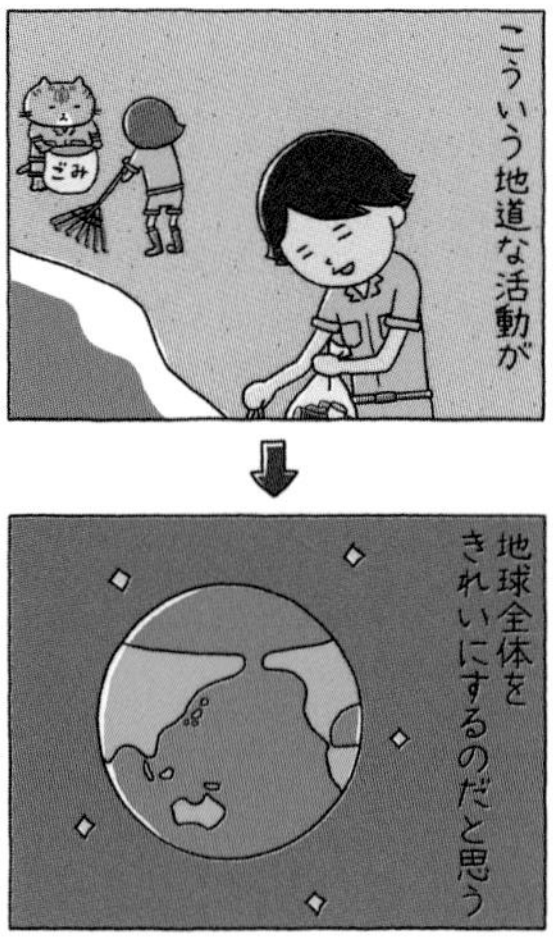
こういう地道な活動が
ごみ
地球全体をきれいにするのだと思う

体験と主張は、つながっているよ。

3 主張の見つけ方

筆者の主張を見つけるには、主張を述べるときに使われる**文末表現（文の終わりの書き方）**に注意します。

・**考え**…〜と思う。〜と考える。
・**願望**…〜と願う。〜と望んでいる。〜したいものだ。〜してほしい。
・**問いかけ・呼びかけ**…〜ではないだろうか。〜しようではないか。〜せずにいられるだろうか（、いいや、いられない）。〜でよいのだろうか（、いいや、よくない）。

4 複数の体験の書かれた随筆

複数の体験（見聞）の書かれた随筆では、それらの体験の共通点や違《ちが》いを見つけ、主張を読み取りましょう。

コレだけ！

□ **随筆では、筆者が体験（見聞）を通して伝えようとしている主張を、文末表現に注意して読み取る。**

解いてみよう！

次の文章を読んで、問題に答えましょう。

解答 p.9

――小説を書きはじめたきっかけは何ですか？

雑誌や新聞のインタビューなどでいちばんよく訊《き》かれるのは、間違《まちが》いなくこの手の質問である。断言してもいいが、多くの物書きの方はこういった質問にうんざりしているはずだと思う。

私ももちろん例外ではない。一生懸命《けんめい》考えてことばを選び、なんとかそれらしい答え方をしていたのはごくはじめのころだけで、デビューしてしばらく経《た》ち、インタビューや取材の類いに慣れてくるとその質問に対しては適当に受け流すか、あるいは「きっかけなんてありません」のひと言で無理矢理に会話を終わらせるかのどちらかになった。いっときなど、まるで嘘《うそ》っぱちをさもそれらしく即興《そっきょう》で作りあげた出まかせの話を喋《しゃべ》っていた時期もあるくらいだ。

「小説を書きはじめたきっかけは何ですか？」という問いが「小説家になったのはなぜですか？」ということを意味しているのであれば、私の場合は答《こたえ》は簡単だ。文芸誌の新人賞を（ラッキーにも）もらうことができたからである。

だが、「小説を書きはじめたきっかけ」が文字どおりの――つまり「なぜ小説を書いたのか」ということを意味しているのならば、「きっかけなんぞはない」というのがいちばん正直な答え方ではないかと思う。

たとえばラブレターをもらったとしよう。書いた相手に「ねえ、どうしてラブレターなんか書く気になったの？」と訊《たず》ねる人がいるだろうか。訊ねられたほうはその問いの無神経さに戸惑《とまど》い、そして思うに違いない。どうしてそんなことを訊くのだろう、と。

ラブレターを書いたのは、好きな人がいたからだ。そうしてその好きな気持ちを、電話でもなく直接会って伝えるのでもなく、手紙という形に託《たく》したかったからだ。そんな判《わか》りきったことを、わざわざ訊くべきではない、と考えるのがふつうの人の感性だ。

〈鷺沢萠《さぎさわめぐむ》『途方《とほう》もない放課後』より〉

---

(1) この文章で、筆者は何について述べていますか。次の文の□に入る言葉を文章中から十八字で探し、最初と最後の五字を書き抜《ぬ》きましょう。

・□という質問について。

最初 □□□□□

最後 □□□□□

(2) (1)の問いについての筆者の体験が書かれている一段落を探し、最初の五字を書き抜きましょう。

□□□□□

(3) きっかけなんぞはないとありますが、ここに込《こ》められた筆者の考えとして最も適切なものを、ア〜ウの中から一つ選んで、記号で答えましょう。

ア そのような質問は訊く意味がない。

イ 質問をする相手を考えてほしい。

ウ 自分には関係のない話だ。

［　　］

あとに続く具体例から考えよう。

確認テスト

解答 p.9

/100点

月　日

次の文章を読んで、問題に答えましょう。

立ち上がり振《ふ》り返ったとたん、①山のような人影《ひとかげ》が倒《たお》れこむようにやってきた。三年生の柏木由佳《かしわぎゆか》だった。体積がいつもの二倍はあると思ったら、大荷物だ。両方の肩《かた》、腕《うで》、手と、持てるだけ持っている。

「はー、疲《つか》れた」

由佳は体を震《ふる》わせるようにして、ぜいぜいと荒《あら》い息を吐《は》いた。

「先輩《せんぱい》、大丈夫《だいじょうぶ》ですか？」

「あー、きつかった。結局追いつかんやった。早弥《さや》ちゃんのこと、昇降口《しょうこうぐち》を出たとこで見つけて追いかけたのに、急に走り出すんやもん。はい、鍵《かぎ》」

「？」

通常、弓道場《きゅうどうじょう》の鍵は、当番の下級生が開けることになっている。②なのになぜ先輩が？

早弥は不思議に思いながらも鍵を受け取り、ぎしがしと戸を開けた。

「ちょっと持ってもらおうと思ったんやけどね」

由佳はその大荷物を「どっこいしょ」と上*がりかまちに置いた。

弓ケースと通学かばんとサブバッグを二つずつ。

だれのやろう？

と考える間もなく、サブバッグについたおびただしい数のマスコットやストラップが目に入った。

持ち主、当番、ともに判明。

「さっき実良《みら》ちゃんがねえ」

由佳は昔話でも語り始めるような、のどかな調子で説明しだした。

「部室の前で古賀《こが》先生にまたつかまっとってね」

古賀先生というのは、生徒指導の先生だ。

「引っ張られていきながら、『これこれ』ってわたしに荷物、押《お》しやったんよ。まあ持てるだけ持ってはきたけど」

先輩に荷物を？

早弥はあきれかえったが、持たされた由佳は、さして怒《おこ》っているふうでもない。それどころか、

「残りの荷物はどうなったんやろうか」

なんて、自分が残してきた荷物の心配なんかしている。

「ねえ、早弥ちゃん、実良ちゃん今度は何したんやか。服装指導かな。今日も化粧《けしょう》濃《こ》かったし」

「そうですねえ」

実良が何をしたのか、考えようとしてすぐにやめた。

むだやし。

実良の非常識な行動には、バリエーションがありすぎて、早弥には考えがおよばない。

「早めに帰してもらわんとねえ。試合も近いし」

「③大丈夫じゃないですか。実良、天才だし」

ぼそっとつぶやくと、由佳は興奮ぎみに手をぱたぱたと振った。

「そうそう。早弥ちゃんもそう思うよね。始めたばっかりで、あの的中率はありえんよね」

幼《おさな》いころから弓道をやっている有段者の由佳が言うのだからまちがいはないだろう。

確かに実良は、入部したときからほかの部員とは明らかにちがった。初心者にもかかわらず、的打ちですぐに中《あた》りを連発したのだ。

「勘《かん》がいいですね」

見ていた監督《かんとく》の顔色が変わったのを、よく覚えている。

一方の早弥はといえば、初めて持つ弓の長さに戸惑《とまど》い、弦《つる》を引くどころではないありさまで、初日から暗い気持ちになったものだ。

〈まはら三桃《みと》『たまごを持つように』より〉

＊上がりかまち＝家の上がり口の端《はし》に渡《わた》した横木。

(1) ①山のような人影とありますが、これは、誰《だれ》の、どのような様子を表していますか。次の文の空欄《くうらん》に入る氏名と三字を文章中から書き抜《ぬ》きましょう。（10点×2）

・［　　］の□□□を持っている様子。

(2) ②なのになぜ先輩が？とありますが、その理由を説明した次の文の□に入る言葉を文章中から二字と四字で書き抜きましょう。（10点×2）

・当番の□□が□□□□の古賀先生につかまったから。

(3) ③大丈夫じゃないですか。実良、天才だしとありますが、このときの早弥の気持ちを表す言葉として最も適切なものを、ア～エの中から一つ選んで、記号で答えましょう。（30点）

ア 絶望《ぜつぼう》　イ 尊敬《そんけい》

ウ 劣等感《れっとうかん》　エ うしろめたさ

［　］

(4) 由佳の人物像として最も適切なものを、ア～ウの中から一つ選んで、記号で答えましょう。（30点）

ア 責任感《せきにんかん》が強く、他人にも厳《きび》しい人物。

イ 上下関係を気にする口うるさい人物。

ウ お人好《ひとよ》しで細かいことは気にしない人物。

［　］

冒険《ぼうけん》のきろく─小説・随筆《ずいひつ》

スタート

時間・場所・登場人物などから、物語の場面を理解しよう。

年齢《ねんれい》・生《お》い立ち・物事の見方などから登場人物の人物像を理解しよう。

気持ちを表す言葉を探して登場人物の心情を知ろう。

登場人物の気持ちは、その人物の表情や行動に表れるよ。

登場人物の気持ちは、情景にも表されるよ。

登場人物の気持ちは、できごとの前後で変化しやすいよ。

場面や人物の気持ちの変化を理解して、物語の主題（＝テーマ）を見つけよう。

随筆では、体験を通した筆者の考えが示されるよ。

随筆では、筆者が体験を通して何を伝えようとしているのかを読み取ろう。

次は
説明文・論説文
の未来都市へ

場面や気持ちがわかるように
なる水晶《すいしょう》を手に入れた！

4章 説明文・論説文

ここは説明文・論説文の未来都市。

どこに注目して文章を読んでいけばよいかを知ろう。読み取るためのポイントがわかれば，難しそうな文章でも，こわくないよ。

未来都市を探検し，都市で発明された「話題や意見がわかるようになるスコープ」を手に入れよう！

ステージ 27

説明的文章の特徴と構成

説明文・論説文って？

説明文であっても、論説文であっても、文章の構造は同じだよ。

月　日

❶ 説明文・論説文とは

理由や根拠《こんきょ》を挙げながら、あることがらについて述べた文章を**説明的文章**といいます。小説などよりも筋道を立てて述べていきます。

説明的文章は、**説明文**と**論説文**に分けられることがあります。

- **説明文**…あることがらについての**事実**をわかりやすく説明した文章。
- **論説文**…あることがらについての**筆者の主張**や**意見**を、筋道を立てて述べた文章。

❷ 説明文・論説文の構成

説明文・論説文の構成は、多くの場合、**序論**・**本論**・**結論**の三つに分けられます。

- **序論**…話題（テーマ）を示す。
- **本論**…理由（根拠）や具体例、筆者の意見などを示す。
- **結論**…文章全体のまとめ。最終的な筆者の意見を示す。

❸ 説明文・論説文の読み取り方

説明文・論説文を読むときは、次のことに注意します。

- **話題が何であるかを読み取る。**

何について書かれた文章かがわからないと、読むことができません。

- **筆者の意見を読み取る。**

説明文・論説文では、話題について筆者がどのようなことを伝えたいのかを読み取ることが一番重要です。筆者の意見を探していきましょう。

- **筆者の考えの理由になっている事実は何か。**

説明文・論説文では、筆者は意見をいうだけではなく、その意見が正しいと思う理由を述べます。意見と理由の両方を読み取る必要があります。

コレだけ！

□ **説明文・論説文を読むときは、話題・筆者の意見・理由を見つける。**

解いてみよう！

次の文章を読んで、問題に答えましょう。

解答 p.10

1 ところで、なんでもないことのようだが、いったい古代エジプト人がどうやってパピルスで紙をつくったのかということが、長いあいだ謎《なぞ》だった。

2 茎《くき》を薄《うす》く切って短冊《たんざく》状にし、縦に並べていく。そしてその上に重ねて、今度は横に並べていく。ここまでは誰《だれ》でもわかる。下に並べた短冊と上に並べた短冊がくっついてくれさえすれば、いいわけだ。ところが困ったことに、それがなかなかくっついてくれないのである。いくら押《お》せども叩《たた》けども、うまくいかない。

3 ようやくその秘密がわかったのは、今から三十年以上も前のことである。コロンブスの卵というのは、こういうことをいうのだろうか。ある人がふと思いついて、短冊にしたパピルスを水に浸《ひた》しておいてから、重ねあわせてみる。すると、茎の中からにじみ出てきた粘液《ねんえき》がうまく糊《のり》の役割を果たしてくれ、ものの見事に短冊にくっつき、パピルス紙ができあがったのである。

4 いわれてみれば、単純なことにすぎないのだが、いったん忘れ去られた技術を復活させるのは、簡単なようで、なかなか難しいものである。

〈吉村作治《よしむらさくじ》『世界一面白《おもしろ》い古代エジプトの謎』より〉

---

(1) 次のA～Cの内容を示した段落を、番号で答えましょう。

A 話題
B 筆者の意見の根拠
C 筆者の意見

A [　　] B [　　] C [　　]

(2) この文章の話題を二十六字で探し、最初と最後の五字を書き抜《ぬ》きましょう。

最初 □□□□□
最後 □□□□□

(3) 話題に対する筆者の意見を、ア～ウの中から一つ選んで、記号で答えましょう。

ア 実は単純な技術であったことに驚《おどろ》く。
イ 一度忘れ去られた技術の復活は難しい。
ウ 古代エジプト人の技術はすばらしい。

[　　]

筆者の考えが述べられている段落はどこだったかな。

ステージ 28

指示語の種類と見つけ方

「それ」「これ」が指すもの

指示語が出てくる度《たび》に何を指しているのか確認《かくにん》しながら読むことが内容理解のコツだよ。

月　日

① 指示語とは

指示語は、文章の中で同じ言葉や内容の繰《く》り返しを避《さ》け、表現を短く要領よくまとめるために用いられます。そのため、**指示語**の指すものは、**指示語のすぐ前にある**ことが多くなります。

主な指示語（こそあど言葉）

	話し手に近い	聞き手に近い	遠い	わからない
事物	これ	それ	あれ	どれ
場所	ここ	そこ	あそこ	どこ
状態・程度	こう	そう	ああ	どう

② 指示語の見つけ方

① 指示語を含《ふく》む文を読み、**疑問の形**にして指示語の指すものを考えます。

② **指示語の前から**、指示語の指すものを探します。

③ **指示語の部分に指示語の指すものを入れてみて**、文が自然につながるか確認《かくにん》します。

例 駅前のビルの四階に本屋があります。**そこ**で待ち合わせしましょう。

待ち合わせ場所は**どこ？**↓**駅前のビルの四階にある本屋**

指示語の指すものが指示語より後ろにある場合もあります。

例 真相は**こういうこと**だ。つまり、はじめから何も入っていなかったのさ。

真相は**どういうこと？**↓はじめから何も入っていなかったということ

コレだけ！

□ **指示語の指すものを見つけるときは、指示語の直前に注目する。**

解いてみよう！

次の文章を読んで、問題に答えましょう。

解答 p.10

スミレの種子には「エライオソーム」というゼリー状の物質が付着している。①この物質はアリの好物で、お菓子《かし》の「おまけ」のような役割を果たしている。子どもたちが「おまけ」欲《ほ》しさにお菓子を衝動《しょうどう》買い（急に欲しくなり買ってしまうこと）してしまうように、アリもまたエライオソームを餌《えさ》とするために種子を自分の巣に持ち帰るのだ。②このアリの行動によってスミレの種子は遠くへ運ばれるのである。

しかし、アリの巣は地面の下にある。地中深くへと持ち運ばれたスミレは芽を出すことができるのだろうか。もちろん心配はご無用。③これも計算のうちである。

アリがエライオソームを食べ終わると、種子が残る。種子はアリにとっては食べられないゴミなので、巣の外へ捨ててしまうのだ。④このアリの行動によってスミレの種子はみごとに散布（周囲にまき散らすこと）されるのである。

アリの巣は必ず土のある場所にある。街のなかではアリの巣の出入口はアスファルトやコンクリートの隙間《すきま》をうまく利用している。野の花のイメージが強いスミレが街の片隅《かたすみ》のコンクリートの隙間や石垣《いしがき》に生えているのは、わずかな土を選んでアリに種を播《ま》いてもらっているからにほかならない。

〈稲垣栄洋《いながきひでひろ》『身近な雑草の愉快《ゆかい》な生きかた』より〉

(1) ①この物質の指す内容を、文章中から十九字で探し、最初と最後の五字を書き抜《ぬ》きましょう。

最初 □□□□□

最後 □□□□□

(2) ②このアリの行動と④このアリの行動が指すものを、ア～ウの中から一つずつ選んで、記号で答えましょう。

ア スミレの種子を巣に持ち帰る行動。

イ スミレの種子を食べずに残す行動。

ウ スミレの種子を巣の外へ捨てる行動。

② ［　　］ ④ ［　　］

(3) ③これが指すものを、ア～ウの中から一つ選んで、記号で答えましょう。

ア スミレの種子がアリによって遠くに運ばれること。

イ アリに運ばれたスミレの種子が芽を出せなくなること。

ウ アリの巣が地面の下、地中深くにあること。

［　　］

ステージ 29

接続語の種類と選び方

「だから」「しかし」のつながり

「だから」「しかし」…これらは接続語といって語と語、文と文をつなぐ働きをするんだ。

月　日

❶ 接続語とは

接続語は、語と語、文と文、段落と段落をつなぐ働きをします。接続語によって次にくる文の内容が予測できるため、文章の内容が理解しやすくなります。

❷ 接続語の種類

順接《じゅんせつ》	前のことが原因や理由となって、あとのことが起こる。	だから・それで・すると
逆接《ぎゃくせつ》	前とは逆の内容があとにくる。	しかし・ところが・けれども
並列《へいれつ》・累加《るいか》	前の内容にあとの内容を並べたり、つけ加えたりする。	しかも・そして・また
対比《たいひ》・選択《せんたく》	前後の内容を比べたり、どちらかを選んだりする。	または・あるいは
説明・補足《ほそく》	前の内容を説明したり、補ったりする。	つまり・たとえば
転換《てんかん》	話題を変える。	さて・ところで

❸ 接続語の選び方

① 接続語の**前後の文の関係**を考えます。

② その**関係に合う接続語**を選びます。

例 朝から熱があった。[A]僕《ぼく》は学校に行った。
朝から熱があった。[B]僕は学校を休んだ。

右の文の[A]・[B]には、「しかし」、「だから」のどちらが入るか、考えてみましょう。

熱がある。[A]学校へ行く。

↓前から予測されることと逆の内容があとにきている。

熱がある。[B]学校を休む。

↓前があとの理由。

Aは**逆接**で「しかし」、Bは**順接**で「だから」が入る。

コレだけ！

- □ **前後の文の関係を考えて、接続語を選ぶ。**
- □ **接続語からあとに続く文の内容を予測する。**

解いてみよう！

解答 p.10

次の文章を読んで、問題に答えましょう。

昔、剣道修行《けんどうしゅぎょう》のため入門して修練を積むと、先生から免許皆伝《めんきょかいでん》（師が弟子に武道などの大切な教えをすべて伝えること）という認定《にんてい》を受け、極意《ごくい》書を授《さず》かったそうです。それは剣道の極意（物事の核心）が書いてある巻物です。ところが、その巻物を開いてみると「敵に切られる前に切れ」とだけあったそうです。なんだ、ばかばかしい、そんなこと当たり前じゃないか。

先生のもとで長年にわたって修行すると、そこで飯《めし》炊《た》きや水汲《く》みをさせられます。飯炊きの火を火吹《ふ》き竹で吹いていると、木刀で急に背後から打たれる。打たれるようでは未熟です。［①］「敵に切られる前に切ること」が常住（いつも、ふだん）の心がけとして身についていない。［②］、剣を持って向き合うときには、切られる前に切る技術と気構えが必要でしょう。その心がけと技術が身についたと先生が見てはじめて、免許皆伝になり、極意書をくれるのだということです。私はこの話の真偽《しんぎ》（本当かうそか）を知りません。［③］いかにもありそうなことだと思います。

極意とは実は簡単なものです。その言葉だけを見るとそれは簡単です。［③］、その言葉が指す事実がいかに広く深いかを、実際を通して感得（はっきりと悟ること）できるに至ってようやく、極意書の文章の意味が分かるようになったといえるでしょう。

〈大《おお》野晋《のすすむ》『日本語練習帳』より〉

---

(1) ［①］・［②］にあてはまる接続語を**ア**～**ウ**の中から一つずつ選んで、記号で答えましょう。

ア また　**イ** すると　**ウ** つまり

① ［　　］　② ［　　］

(2) ［①］・［②］にあてはまる接続語の意味を、**ア**～**エ**の中から一つずつ選んで、記号で答えましょう。

ア 前の内容の説明。
イ 前の内容にあとの内容をつけ加える。
ウ 話題を変える。
エ 前のことが理由となってあとのことが起こる。

① ［　　］　② ［　　］

(3) ［③］には同じ接続語が入ります。**ア**～**ウ**の中から一つ選んで、記号で答えましょう。

ア だから　**イ** たとえば　**ウ** しかし

［　　］

「話の真偽を知らない」「いかにもありそうなことだと思う」と、「言葉は簡単」「言葉の指す事実は広く深い」の二組の文に共通する関係を考えよう。

ステージ 30

事実と意見の違い

事実と筆者の意見

「今日の気温は三十六度だ」これは事実。
「今日はとても暑い」これは筆者の意見。
本当かどうか確かめられる方が事実だよ。

月　日

1 事実と筆者の意見の違《ちが》い

・事実…実際のできごとや調査結果など、本当にあったこと。それが**本当かどうか**、**確かめることができる**。

・**筆者の意見**…事実から筆者が述べたいこと。筆者の考えなので、そう考える人もいれば考えない人もいる。

例
A 織田信長《おだのぶなが》は戦国時代の武将である。
B 彼《かれ》は実に短気な男であったと思う。

A→織田信長が戦国時代の武将であったことはまちがいないので、これは**事実**となります。

B→織田信長が短気であったと思わない人もいるでしょう。そのため、これは**筆者の意見**となります。

2 筆者の意見の見つけ方

筆者の意見を見つけるときには、次の二つのことを覚えておきましょう。

・**意見が述べられる段落の場所**

筆者の意見の述べ方には、次の三つの方式があります。

・説明をしたあと、**最後に**意見を述べる方式。
・**初めに**意見を述べてから、説明していく方式。
・**初めと終わりの両方に**意見を述べる方式。

つまり、**筆者の意見は文章の最初か最後の段落にあるこ**とが多いので、注意して読んでいきましょう。

・**意見を述べるときに使われる文末表現**

・**～と思う。**
・**～と考える。**
・**～べきだ。**
・**～ではないだろうか。**

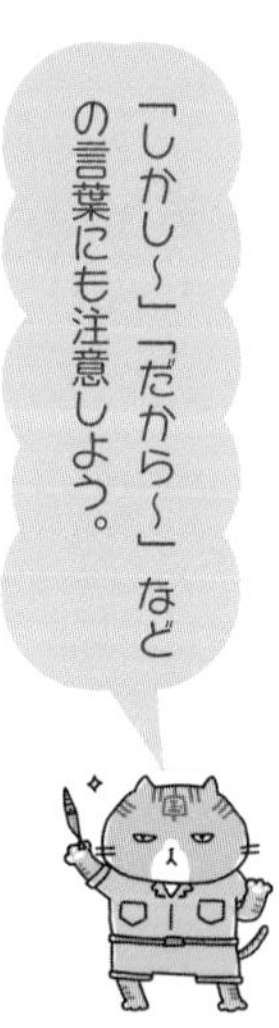

コレだけ!

□ **筆者の意見は、文章の最初と最後の段落、意見を述べるときに使われる表現に注目して探す。**

解いてみよう！

次の文章を読んで、問題に答えましょう。

解答 p.10

ⓐ徳川《とくがわ》幕府の重役に、老中《ろうじゅう》、という役がある。将軍家の「老」として、所司代《しょしだい》、三奉行《ぶぎょう》、遠国《おんごく》奉行、大目付《おおめつけ》（すべて、江戸幕府の役職名）などを指揮して国政を統轄《とうかつ》（ひとまとめに支配すること）した役職だ。定員は四、五名だった。

さて、右の説明の中に「老」というのが出てきたが、これをどう読むかだ。これは、としより、もしくは、おとな、と読む。これだけでも、ⓑ大人であり、年寄りであることは知恵《ちえ》があるってことであって、重役について当然だ、という思想が明確にうかがえるではないか。

徳川幕府では、臨時の最高職として、老中の上に大老《たいろう》を置くこともあった。これは定員一名である。

老中の下にいて、旗本《はたもと》などを統轄する役職が、若年寄《わかどしより》である。ⓒその役についた者の年齢《ねんれい》には関係なく、役の名が若年寄なのだ。偉《えら》い人、それは年寄り、という考え方がはっきりとあるのだ。

①この考え方が、女性ばかりの大奥《おおおく》（江戸城の中にある将軍の妻などが住んでいた所）の役職名にも反映されているから面白《おもしろ》い。大奥でいちばん上の役は上臈《じょうろう》であり、これは年齢的なこととは関係のない職名だが、上臈の下が、御年寄《おとしより》で、事実上大奥第一の権力者である。その下が、中《ちゅう》年寄《どしより》。ⓓそのあたりをまとめて老女と呼ぶこともあった。

大奥でそういう役につくのはもちろん女性なのだから、年寄とか老女には抵《てい》抗《こう》があったのじゃないだろうかという気もするが、どうも、「老」は□な言葉だったようだ。

〈清水義範《しみずよしのり》『「大人」がいない…』より〉

---

(1) 文章中の――線ⓐ～ⓓを、事実を述べたものと筆者の意見とに分け、記号で答えましょう。

事実［　　］

意見［　　］

事実は、誰《だれ》にでも本当かどうか確かめられることだよ。

(2) ①この考え方とはどのような考え方ですか。文章中から書き抜《ぬ》きましょう。

［　　　　　　　　］

(3) □にあてはまる言葉を、ア～エの中から一つ選んで、記号で答えましょう。

ア 不愉快《ふゆかい》　イ 残念

ウ 平凡《へいぼん》　エ 名誉《めいよ》

［　　］

「……気もするが、」と逆接《ぎゃくせつ》で文脈がつながっているから、前と逆の内容になるはずだよ。

ステージ 31

筆者の意見と理由

理由の見つけ方

月　日

「～はなぜですか。」と問われたときは、理由(原因)を聞かれているんだよ。

❶ 理由とは

説明文・論説文で筆者が自分の意見を述べるときに必要なのが理由です。研究結果や体験などの事実をもとにした理由を挙げることで、意見に説得力ができます。どうして筆者がそのように考えたのかが示せなければ、読者は納得《なっとく》できません。

❷ 理由の見つけ方

理由を見つけるときには、次のことを覚えておきましょう。

・理由を述べるときに使われる表現

・～ので
・～ため
・**～からである。**
・**～である。**
・**なぜなら～**　など

また、筆者の、どの意見に対する理由なのか、因果関係(原因と結果の関係)に注意しながら、読み取っていきましょう。

❸ 「なぜなら」と「だから」の違《ちが》い

文章中に「なぜなら」と「だから」がでてきた場合、理由と筆者の意見のある場所に気をつけましょう。

例　日本人は季節感を大切にする。(筆者の意見)
←なぜなら
日本には四季があるからだ。(理由)
↓「なぜなら」の場合は、意見が前で理由があとにくる。

例　日本には四季がある。(理由)
←だから
日本人は季節感を大切にする。(筆者の意見)
↓「だから」の場合は、理由が前で意見があとにくる。

コレだけ！

□ **理由を述べるときに使われる表現に注目して、筆者の意見に対する理由を見つける。**

解いてみよう！

次の文章を読んで、問題に答えましょう。

解答 p.11

①文章を書くということの基本的な機能は、自分が体験したことや思考したことの意味を明らかにすることだと言っていいでしょう。体験したことや思考したことをスローモーション《実際よりもゆっくりと見せる映像》で映像を映し出すように言葉にして定着させるのです。

体験や思考は、そのまま放《ほう》っておけば、時間とともに流れ去ってしまいますが、文章化することで読み返せるようにし、多くの人に伝えることができます。それが書き言葉の力です。文字の永続性《ながく続く性質》を活用して、不安定なものを確定し、その意味を残し、広げていくことができるのです。

しかし、話し言葉は話者《話し手》が成長していくにしたがって自然に身についていくのに対し、書き言葉は学ばなければ自分のものにはできません。そういう意味では、②ふだんから文章をあまり書き慣れていない人が、きちんとした文章を書けるようになるには、ある程度の訓練が必要です。

③私が勧《すす》める一番簡単な訓練法は、大学の先生やテレビニュースの解説者のまとまった話をメモに取りながら聞き、それを改めて文章にまとめるという方法です。

聞いたことをメモしてそれを文章に再現すると言うと、右から左に書き写すような作業を想像するかもしれませんが、実はそれほど簡単なことではありません。

〈齋藤孝《さいとうたかし》『大人のための書く全技術』より〉

(1) ①文章を書く～言っていいでしょうとありますが、なぜこのようにいえるのですか。次の文の[A]・[B]にあてはまる言葉を、Aは三字、Bは二字で文章中から書き抜《ぬ》きましょう。

・文字の[A]を活用し、体験や思考を定着させ[B]を残し、広げていくことができるから。

A □□□

B □□

(2) ②ふだんから～訓練が必要ですとありますが、なぜ訓練が必要なのですか。理由を説明している部分を文章中から一文で探し、最初の五字を書き抜きましょう。

□□□□□

(3) ③私が勧める一番簡単な訓練法とはどのような方法ですか。ア～ウの中から一つ選んで、記号で答えましょう。

ア 話し言葉を書き言葉に書き直す方法。

イ 大学の先生などの話を聞く方法。

ウ 聞いたことを文章にまとめ直す方法。

［　　］

ステージ 32

段落どうしの関係

段落のつながりの見つけ方と役割

段落と段落がどうつながっているか？ それを見ていくと、文章全体の流れがわかってくるよ。

月　日

① 段落の種類

段落には**形式段落**と**意味段落**の二つがあります。

- **形式段落**…文章の中で内容ごとに分けられたひとまとまり。
  段落のはじめは、ふつう一字下げて書く。
- **意味段落**…一つあるいはいくつかの形式段落を、似た内容ごとに分けたまとまり。

② 段落のつながりの見つけ方

段落どうしのつながりは、次のような順番で確認《かくにん》していきます。

① 形式段落ごとに、**話題**と**中心文**を探します。
　中心文とは、その段落で筆者が最も述べたいことが書かれた文のことです。

② 似た内容の段落があれば、**意味段落としてまとめます**。

③ それぞれの意味段落の**役割**を考え、**全体の構成を理解します**。

意味段落にまとめるときは、段落のはじめの接続語などに注意しよう。

③ 段落の役割

段落の役割には、次のようなものがあります。

- **問題や課題の投げかけ**
  文章全体の**話題**（テーマ）を示しています。「〜とは何か。」といった、疑問の形で示されることが多くあります。
- **理由説明、根拠《こんきょ》**
  事実や話題についての**説明**、**具体例**などが書かれています。
  事実と筆者の意見を読み分けましょう。
- **結論**
  話題に対する筆者の**最終的な意見**が書かれています。

これらをまとめていくと、序論・本論・結論などの全体の構成が見えてきます。

コレだけ！

□ **似た内容の形式段落をひとまとめにして意味段落に分け、それぞれの意味段落の役割を考える。**

解いてみよう！

次の文章を読んで、問題に答えましょう。

解答 p.11

A

記憶《きおく》は主として自覚的、意志的で、覚えようとしてかかる。ときには無意識に記憶してしまうこともないではないけれども、たいていは、その気になって記憶する。それなのに覚えていられない、記憶ができないと弱音をはくのが人間である。

（意志的…積極的に成しとげようとする心の状態）

B

それに対して、忘却《ぼうきゃく》は多くが自動的で無自覚的である。忘れようと思わなくても、時がたてばたいていのことは忘れられる。忘れまいとしても忘れてしまうし、忘れたいと思っても思うように忘れられないことも少なくない。

C

忘却は記憶よりも始末が悪く、思うようにならない。自然に、必然的、本人が望むと望まないとを問わず、勝手にどんどん忘れるようになっている。ということは、記憶より忘却の方が人間にとって重大なものだということになる。うっかりしていても、忘却はおこる。もし、努力によってのみ忘却がおこるとすれば、うっかりしなければ、忘却はおこらなくなり、重大な支障をきたすおそれが大きい。そうならないために、自然忘却がしっかりしていなくてはならない。自然忘却ができるようになっているのは、きわめて重要な作用だからなのだ。

（始末が悪く…あつかいに困る様子）

〈外山滋比古《とやましげひこ》『忘却の整理学』より〉

---

(1) A段落とB段落の関係として最も適切なものを、**ア〜ウ**の中から一つ選んで、記号で答えましょう。

ア Aの「記憶」とBの「忘却」を比較《ひかく》して説明している。

イ Aの「記憶」の結果としてBの「忘却」を説明している。

ウ Aの「記憶」にBの「忘却」を補足して説明している。

［　　］

Bのはじめの「それに対して」に注目！

(2) C段落の説明として最も適切なものを、**ア〜ウ**の中から一つ選んで、記号で答えましょう。

ア A・Bとは別の視点から、新たな意見を述べている。

イ A・Bで示した筆者の意見を、具体例を挙げてくわしく説明している。

ウ A・Bの内容をふまえた筆者の意見と、その理由を述べている。

［　　］

要旨

要旨の見つけ方

「この文章の要旨《ようし》は何ですか」という質問は、「この文章で筆者が最も伝えたいことは何ですか」と聞いているのと同じだよ。

月　日

1 要旨とは

要旨《ようし》とは、文章を通して**筆者が最も伝えたいことをまとめたもの**です。その文章の中で、一番大切な部分です。

内容を問われる問題では、次のような言葉もよく使われます。それぞれの言葉の意味を確認《かくにん》しておきましょう。

- 話題…何について書かれた文章かということを示したもの。「テーマ」ともいう。
- 結論…話の内容に対する筆者の最終的な意見。
- 要約…文章の要点をつなぎ合わせて、全体を短くまとめること。

2 要旨の見つけ方

① **話題**を見つけます。

繰《く》り返し出てくる言葉（**キーワード**）
題名
に注目し、何について書かれた文章なのかをおさえましょう。

重要なことなので、繰り返し書かれているんだよ。

② **結論**が書かれた**段落**とその段落の**中心文**を探します。

文章の最初と最後の段落
筆者の意見を表す表現
に注目し、話題についての筆者の最終的な意見（結論）を読み取ります。

「〜と思う。」「〜と考える。」「〜べきだ。」など、意見を表す表現が書かれているところを探しましょう。

③ **要旨**をまとめます。

要旨をまとめるときに必要なものは、次の二つです。

- 話題
- 結論（結論段落の中心文）

これらを整理してまとめていきます。

コレだけ！

□ **文章の要旨をまとめるときは、話題と結論の二つをおさえる。**

解いてみよう！

解答 p.11

次の文章を読んで、問題に答えましょう。

A
論語《ろんご》に「学びて時にこれをならう」という言葉がある。「学んで適当な時期におさらいをする」ということである。私たちは「学ぶ」というとすぐに学校を連想する。だから「学ぶ」ということはいわゆる「お勉強」をすることになる。

B
しかし学ぶということは学校で勉強をすることだけではない。人生のさまざまな体験からも人は多くのことを学ぶ。失敗や成功から学ぶ人もいるし、学ばない人もいる。

C
ここにあげた言葉は「失敗から学んでほしい」というように解釈《かいしゃく》もできる。失敗から学ぶからこそ、失敗は成功の一里塚《いちりづか》となるのである。長い人生で何も失敗がなかったという人は、生きている意味を見失っている人だろう。事業を起こして失敗する人もいるだろうし、恋愛《れんあい》をして失敗する人もいるだろう。立候補をして落選する人もいるだろう。試験に失敗する人もいるだろう。人からだまされる人もいるだろう。

（一里塚：ここでは成功への一段階という意味）

D
しかし失敗したときにそこから学べば、その失敗はその人に大きな意味を持つ。そしてその人生は失敗しない人生よりもはるかに意味のある人生になるだろう。大切なことは、なぜ失敗したかという原因をしっかりとつかむということである。

〈加藤諦三《かとうたいぞう》『「自分の弱さ」を出したほうが好かれる』より〉

---

(1) この文章の話題を六字で書き抜《ぬ》きましょう。

□□□□□□

繰り返し出てくる言葉に注目しよう！

(2) この文章の結論が書かれている段落はどこですか。段落の記号で答えましょう。

［　　］

(3) この文章の要旨をまとめたものとして最も適切なものを、次の**ア**〜**ウ**の中から一つ選んで、記号で答えましょう。

ア 長い人生に失敗がなかった人は、生きている意味を見失っている人である。

イ 失敗の多い人生は、失敗のない人生よりもはるかに意味のある人生である。

ウ 失敗したときにその原因をしっかりとつかむことで、失敗は大きな意味を持つ。

［　　］

結論と話題が入っていなければ要旨にならないよ！

確認テスト

次の文章を読んで、問題に答えましょう。

解答 p.12

/100点

月　日

パソコンが登場し、いわゆるメール（電子メール）が利用されるようになったとき、私は手紙とメールの違《ちが》いに驚《おどろ》いた。手紙は人と人との関係のなかで書かれる。だから相手の立場や気持ちに思いを寄せながら書く。送り手と受け取り手の間に生まれた過去の関係が大事にされるといってもよい。手紙のなかには、過去のすべての関係が蓄積《ちくせき》されているのである。

（A）メールになると、自分の伝えたい情報の送信になってしまう。自分の伝えたいことを伝えるだけである。不思議なことにメールだと、受け取る側も情報を知ろうという読み方になって、たまに手紙のような文面が送られてくると読むのがめんどうになってくる。

広告メールのようなものを除けば、メールも人と人との関係のなかで送られている。その点では手紙もメールも同じようなもののはずである。①ところが違う。手紙は、たとえそれが頼《たの》みごとであったとしても、過去の関係の蓄積をふまえて、自分の思いを伝えることに主目的があるのに対して、メールの主目的は情報の伝達である。読み手は必要な情報だけを受け取り、必要のない情報は読み捨てる。ここでは情報の送信者と受信者という関係だけが成り立ち、必要な情報でなければ、その関係も一瞬《いっしゅん》にして消える。

私は、この手紙からメールへの変化のなかに、現代のさまざまな関係のあり方が象徴《しょうちょう》的にあらわれているような気がする。

（B）、かつてはお店では売り手と買い手の関係があった。昔からの関係の蓄積を前提にして、店の人と客は会話をし、ときに商品をすすめられながら、客は商品を購入《こうにゅう》した。だが今日のコンビニやスーパー、量販《りょうはん》店では違う。その場かぎりの関係が生まれ、②その関係もたちまち消える。つねに新しい関係が一瞬生まれ、消えていくという繰《く》り返しのなかで、私たちは暮らしている。

現在では、私たちを包むあらゆる部分で、このような変化が進行しているのだと思う。関係が希薄《きはく》化しているとよく言われるけれども、それは正確な言い方ではない。関係が蓄積されていかないのである。あるいは、たえず新しい関係が生まれては、その関係が使い捨てられ、消費されていく世界のなかに、私たちが次第《しだい》にのみ込《こ》まれていったのである。

だから、そういう世界のなかに身を置いていると、使い捨てられないような関係を結ぶことは、めんどうに感じられてくる。地域社会のなかで関係を結ぶことも、ときに家族の関係も、あるいは職場の人間関係や友人同士の関係も、である。たえず関係を使い捨て消費しながら関係から離《はな》れていけることが「自由」の意味になっていく。そういう時代がこうして生まれていった。手紙よりもメールの方が自由な伝達手段と感じる人たちが生まれていったように。

だが、そんな時代も、この一、二年の間に再び変化しはじめたような気がする。使い捨てではない、しっかりとした関係を持ちながら生きていきたいと考える人々が、急速にふえてきた。この傾向《けいこう》は若い人ほど大きくて、個人の自立を価値としてきた戦後の日本の社会が、大きな精神変化の時代を迎《むか》えたような気さえする。関係を消費しながら生きることが虚《むな》しくなり、蓄積されるような関係とともに生きたいと思う時代。この変化が消費の時代をどう変えるのかはまだわからない。しかし、確実に何かが変わりつつあるのである。

〈内山節《うちやまたかし》『戦争という仕事』より〉

(1) A・Bに入る言葉を、ア〜エの中から一つずつ選んで、記号で答えましょう。(15点×2)

ア たとえば　イ だから
ウ ところで　エ ところが

A［　　］　B［　　］

(2) ①ところが違うとありますが、どの点が違うのですか。次の文のa・bにあてはまる言葉をaは十一字、bは五字で、文章中から書き抜《ぬ》きましょう。(15点×2)

・手紙はaに主目的が、メールはbに主目的がある点。

a［　　　　　　　　　　　］
b［　　　　　］

(3) ②その関係とは、どのような関係のことですか。文章中から九字で書き抜きましょう。(20点)

［　　　　　　　　　］

(4) この文章で述べられている筆者の意見として最も適切なものを、ア〜エの中から一つ選んで、記号で答えましょう。(20点)

ア いつでも離れていける関係を望む人がふえてきた。
イ しっかりとした関係を求める人がふえてきた。
ウ 手紙よりメールを伝達手段として選ぶ人がふえてきた。
エ 個人の自立を生きる価値とする人がふえてきた。

［　　］

冒険《ぼうけん》のきろく―説明文・論説文

スタート

説明文・論説文を読むときは、話題・筆者の意見・理由を見つけよう。

説明文・論説文は多く序論・本論・結論に分けられるよ。

「これ」や「それ」などの指示語が指す内容は、直前の部分から探そう。

筆者の意見は、文章の最初と最後の段落に書かれていることが多いよ。

「だから」は、前の文があとの文の理由・原因を表すよ。

「しかし」は、前とは逆の内容があとにくることを表すよ。

理由を示す言葉には「～ので」「～から」「～ため」などがあるね。

形式段落を内容によってまとめたものを意味段落というよ。

要旨《ようし》には、話題と結論が必要だよ。

次は詩・短歌・俳句の谷へ

話題や意見がわかるようになるスコープを手に入れた！

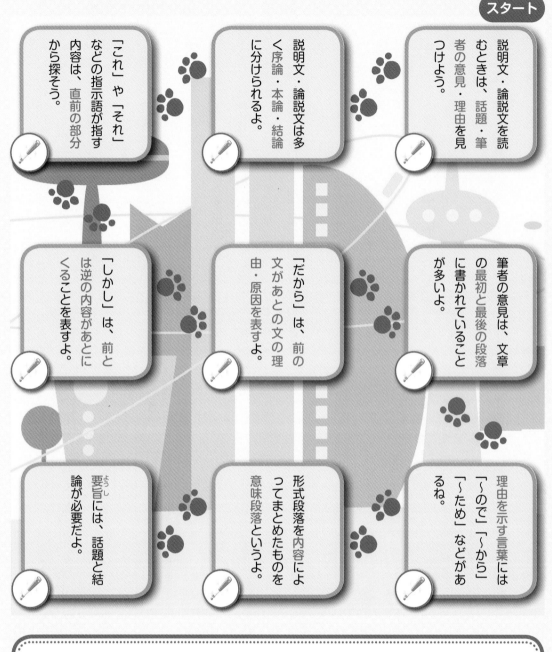

5章 詩・短歌・俳句

ここは妖精《ようせい》たちが住む，詩・短歌・俳句の谷。

短い文章に込《こ》められた作者の感動を読み取ろう。詩・短歌・俳句の形式や表現技法も覚えていくよ。

谷をめぐって，妖精たちがつくった「表現技法がわかるようになる笛」を手に入れよう！

ステージ 34

詩の基礎知識

詩って？

一番身近な詩は歌の歌詞だね。いろいろな表現技法を使い、短い言葉に込《こ》めた作者の感動や思いを読み取ろう。

月　日

1 詩とは

詩は、短い言葉で、ときには一定のリズムにのせて作者の感動を表現したものです。詩の中にある言葉のまとまり、文章では段落にあたるものを**連**と呼びます。

2 詩の種類

文体で分類する	文語詩	文語（昔の書き言葉）で書かれている詩。
	口語詩	口語（現代の言葉）で書かれている詩。
形式で分類する	定型詩	五七調、七五調など音数や行数にきまりがある詩。
	自由詩	音数や行数にきまりがない詩。

右の四つを組み合わせて口語自由詩などといいます。

3 詩の表現技法

詩にはさまざまな表現技法が使われます。

- **比喩《ひゆ》**…物事を他のものにたとえて表現する。
- **直喩《ちょくゆ》**…「ように」「みたいに」などの言葉を使ってたとえる。

例　フミは天使の**ように**やさしい。

- **隠喩《いんゆ》**…「ように」「みたいに」などの言葉を使わずにたとえる。

例　フミは天使だ。

- **擬人法《ぎじんほう》**…人でないものを人であるかのように表現する。

例　粗末《そまつ》にすると食べ物が泣くよ。

- **倒置《とうち》**…語順を入れかえて強調する。

例　来た　春が

（「春が来た」がふつうの語順）

- **体言止め**…文末を体言（名詞）で終えて、余韻《よいん》を残す。

例　一面の春

- **対句《ついく》**…似た組み立ての言葉を並べて、対照的に表現する。

例　目には光　鼻には香《かお》り

（「目には」と「鼻には」、「光」と「香り」が対照的に置かれています。）

- **反復《はんぷく》**…同じ言葉を繰《く》り返し、リズム感を生む。

例　春　春　一面の春

コレだけ！

□ **詩は、文体によって文語詩と口語詩に、形式によって定型詩と自由詩に分けられる。**

解いてみよう！

解答 p.12

次の詩を読んで、問題に答えましょう。

橋

高田敏子《たかだとしこ》

第一連
少女よ
橋のむこうに
何があるのでしょうね

第二連
私も　いくつかの橋を
渡《わた》ってきました
いつも　心をときめかし
急いで　かけて渡りました

第三連
あなたがいま渡るのは
あかるい青春の橋
そして　あなたも
急いで渡るのでしょうか

第四連
むこう岸から聞《きこ》える
あの呼び声にひかれて

---

(1) この詩を文体と形式によって分類すると何になりますか。**ア**～**エ**の中から一つ選んで、記号で答えましょう。

ア 文語定型詩
イ 口語定型詩
ウ 文語自由詩
エ 口語自由詩

［　　］

今の言葉で字数にとらわれることなく表現されているね。

(2) 題名の「橋」は何の比喩ですか。**ア**～**ウ**の中から一つ選んで、記号で答えましょう。

ア 人と人との出会い。
イ 今まで乗り越《こ》えてきた困難。
ウ 人生におとずれる節目。

［　　］

詩全体から作者が、何を「橋」にたとえたのかを考えよう。

(3) あの呼び声にひかれてが直接かかっていく部分を詩の中から一行で探し、最初の五字を書き抜《ぬ》きましょう。

□□□□□

――線部には倒置が使われているよ。内容のつながりに注意しよう。

ステージ 35

短歌って？

短歌の基礎知識

短歌の形を覚え、五・七・五・七・七の日本の伝統的なリズムを感じ取ろう。

月　日

① 短歌とは

短歌は、五・七・五・七・七の五句、三十一音からなる定型詩の一種です。一首、二首と数えます。

② 短歌の基礎知識

・**字余り**…音数が三十一音を超《こ》えること。
・**字足らず**…音数が三十一音より少ないこと。
・**句切れ**……短歌の中で、**意味の切れ目**になっているところ。文に直したとき「。」が打てるところに、句切れがある。

上《かみ》の句			下《しも》の句		
初句《しょく》	二句	三句	四句	結句《けっく》	
五	七	五	七	七	
初句切れ	二句切れ	三句切れ	四句切れ	句切れなし	

短歌には、この他にも、**比喩《ひゆ》**・**倒置《とうち》**・**体言止め**・**反復《はんぷく》**などの技法が使われます。（▷88ページ参照）

次の短歌の特徴《とくちょう》を考えてみましょう。

例　清水《きよみず》へ　祇園《ぎおん》をよぎる　桜月夜《さくらづきよ》
　こよひ(イ)逢《あ》ふ(ウ)人　みなうつくしき
　　　　与謝野晶子《よさのあきこ》

（歌意）清水寺へ行こうと祇園の地を横切る、この桜の咲《さ》く月夜。今夜会う人はみな美しく感じられる。

・歌の意味に注目すると、三句目の「桜月夜」で一度、**内容が途切《とぎ》れている**。→ **三句切れ**
・五音がくるはずの三句目（桜月夜）が**六音**になっている。
→ **字余り**

コレだけ！

□ **短歌は五句三十一音で、一首、二首と数える。**
□ **意味が切れているところが句切れ。**

解いてみよう！

解答 p.12

1 次の短歌を読んで、問題に答えましょう。

A 向日葵《ひまわり》は金の油を身にあびて
ゆらりと高し日のちひ（イ）ささよ（向日葵に比べて太陽の小さいことよ）
前田夕暮《まえだゆうぐれ》

B みづ（ズ）うみの氷は解けてなほ（オ）寒し（やはり）
三日月の影（光）波にうつろふ（ウ）（ゆれている）
島木赤彦《しまきあかひこ》

(1) A・Bの短歌は何句切れか、答えましょう。

短歌の中で意味の切れ目、句点「。」が打てるところを探そう。

A［　　　］　B［　　　］

(2) Bの短歌の説明としてふさわしいものを、ア～ウの中から一つ選んで、記号で答えましょう。

ア 湖の氷が解け、まもなく春が来る喜《よろこ》びをうたっている。
イ 寒さまだ厳しい、ものさびしい情景をうたっている。
ウ 冬から春へ移り変わる自然の生命力をたたえている。

短歌全体から受ける印象をもとに、判断しよう。

［　　　］

2 次の短歌を読んで、問題に答えましょう。

C 海恋《こい》し潮《しお》の遠鳴りかぞへ（エ）ては
少女《おとめ》となりし父母《ちちはは》の家
与謝野晶子

D 瓶《かめ》にさす藤《ふじ》の花ぶさみじかければ（短いので）
たたみの上にとどかざりけり（とどいていなかったよ）
正岡子規《まさおかしき》

(1) Dは字余りの短歌です。字余りになっている句を、短歌から書き抜《ぬ》きましょう。

［　　　］

定型の音数より多いものを「字余り」というよ。

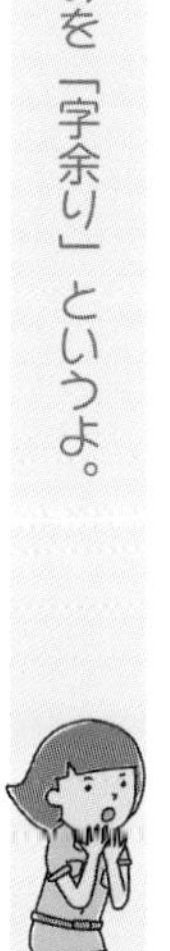

(2) Cの短歌に使われている表現技法を、ア～ウの中から一つ選んで、記号で答えましょう。

ア 体言止め　イ 倒置
ウ 擬人法《ぎじんほう》

［　　　］

文末表現に注目しよう。

(3) Dの短歌の説明としてふさわしいものを、ア～ウの中から一つ選んで、記号で答えましょう。

ア 藤の花を生けるときの注意点を愉快《ゆかい》に伝えている。
イ 藤の花とたたみの色が対照的に表現されている。
ウ 床《ゆか》に横たわるようなとても低い視点が感じられる。

［　　　］

ステージ 36

俳句の基礎知識

俳句って?

月　日

❶ 俳句とは

俳句は、五・七・五の三句、十七音からなる定型詩の一種です。一句、二句と数えます。五・七・五の音数になっていない俳句もあり、それは自由律《じゆうりつ》俳句といいます。

❷ 季語

俳句で**季節を表す言葉**を**季語**といいます。**一句の中に、一つ詠《よ》み込《こ》むのが原則**です。季語は旧暦《きゅうれき》(昔のこよみ)に基《もと》づいて分類されており、現代の季節感とは、一か月くらいずれています。主な季語には次のようなものがあります。

季節	季語
新年	初日《はつひ》 門松《かどまつ》 雑煮《ぞうに》
春 旧暦一~三月	梅・燕《つばめ》・椿《つばき》 蝶《ちょう》・蛙《かわず》・藤《ふじ》 雪解け
夏 旧暦四~六月	紫陽花《あじさい》・蝉《せみ》 青葉《あおば》・雨蛙《あまがえる》 蝸牛《かたつむり》・梅雨《つゆ》
秋 旧暦七~九月	月・天《あま》の川 朝顔・七夕《たなばた》 夜長《よなが》・台風
冬 旧暦十~十二月	みかん・兎《うさぎ》 枯葉《かれは》・大根 雪・氷・時雨《しぐれ》

❸ 切れ字

切れ字は、意味の**切れ目**に使う「**や**」「**かな**」「**けり**」などの言葉で、作者の**感動の中心**や**句切れ**を示します。切れ字の前にある言葉が強調されます。

俳句は、五・七・五の十七音からなる、世界一短い定型詩といわれているよ。季節の言葉を入れるという特徴《とくちょう》があるんだ。

次の俳句の特徴《とくちょう》を考えてみましょう。

例　菜の花や　月は東に　日は西に　与謝蕪村《よさぶそん》

(句意) 一面の菜の花。東の空には月が昇《のぼ》り、西の空には夕日が沈《しず》んでいく。

- 季節を感じる言葉は「**菜の花**」。→季語は「菜の花」で、季節は**春**。
- 「菜の花や」の「や」が**切れ字**。→最初の五音で切れるので**初句切れ**。

切れ字「や」の前にある言葉は「菜の花」。作者が一面に咲《さ》く菜の花に感動する気持ちが伝わります。

コレだけ!

□ **俳句は三句十七音で、必ず季語を入れる。**

□ **切れ字の前にある言葉が作者の感動の中心。**

解いてみよう！

解答 p.13

1 次の俳句を読んで、問題に答えましょう。

A 赤い椿白い椿と落ちにけり　河東碧梧桐《かわひがしへきごとう》

B 羽子板《はごいた》や唯《ただ》にめでたきうらおもて　服部嵐雪《はっとりらんせつ》

C 斧《おの》入れて香《か》におどろくや冬木立《ふゆこだち》　与謝蕪村

(1) Aの俳句の季語と季節を答えましょう。

季語［　　］　季節［　　］

季節を感じる言葉を探そう。

(2) A～Cの俳句から切れ字を書き抜《ぬ》きましょう。

A［　　］　B［　　］　C［　　］

(3) B・Cの俳句に共通して使われている表現技法は何ですか。ア～ウの中から一つ選んで、記号で答えましょう。

ア 擬人法《ぎじんほう》　イ 直喩《ちょくゆ》　ウ 体言止め　［　　］

「擬人法」は人間でないものを人間のように表現したもの。
「直喩」は「～のように」などを用いてたとえたもの。
「体言止め」は文末を体言(名詞)で終えたものだよ。

2 次の俳句を読んで、問題に答えましょう。

D 夕立やお地蔵さんもわたしもずぶぬれ　種田山頭火《たねださんとうか》

E 朝顔に釣瓶《つるべ》とられてもらひ《(イ)》水　加賀千代女《かがのちよじょ》

（釣瓶：井戸の水をくむための桶《おけ》）

F 目には青葉山ほととぎす初鰹《はつがつお》　山口素堂《やまぐちそどう》

(句意) 目には新緑の青葉が、耳にはほととぎすの声が、口には初鰹の味が広がる。

(1) Eの俳句の季語と季節を答えましょう。

季語［　　］　季節［　　］

旧暦では四～六月が夏、七～九月が秋、十～十二月が冬だよ。

(2) 次の鑑賞《かんしょう》文はどの俳句のものですか。D～Fの中から一つずつ選んで、記号で答えましょう。

ア 視覚、聴覚《ちょうかく》、味覚を一度に使い季節の訪《おとず》れを楽しんでいる。

イ 対象との一体感から、ほほえましい情景が伝わってくる。

ア［　　］　イ［　　］

状況《じょうきょう》を思い浮《う》かべて、俳句全体の意味をつかもう。

確認テスト

解答 p.13

/100点

月　日

1 次の詩を読んで、問題に答えましょう。

ステージ 34

冬が来た　　高村光太郎《たかむらこうたろう》

きつ《(ツ)》ぱりと冬が来た
八《や》つ手の白い花も消え
公孫樹《いちょう》の木も箒《ほうき》になつ《(ツ)》た

きりきりともみ込《こ》むやう《(ヨ)》な冬が来た
人にいやがられる冬
草木に背《そむ》かれ、虫類《ちゅうるい》に逃《に》げられる冬が来た

冬よ
僕《ぼく》に来い、僕に来い
僕は冬の力、冬は僕の餌食《えじき》だ

しみ透《とお》れ、つきぬけ
火事を出せ、雪で埋《うず》めろ
刃物《はもの》のやう《(ヨ)》な冬が来た

(1) この詩の表現の特徴《とくちょう》として、あてはまるものを**ア**〜**ウ**の中から一つ選んで、記号で答えましょう。(8点)

ア 比喩《ひゆ》を用いて、冬の冷たさや厳《きび》しさを表現している。
イ 冬に話しかける文体で話し相手のない孤独《こどく》を表現している。
ウ 「きつぱりと」「きりきりと」は、作者の決意を表現している。

［　　］

(2) 体言止めが使われている一行を詩の中から探し、最初の二字を書き抜《ぬ》きましょう。(8点)

□□

(3) この詩から、作者のどのような気持ちが感じられますか。**ア**〜**ウ**の中から一つ選んで、記号で答えましょう。(8点)

ア 人生に必ずつらい時期はあるのだとあきらめる気持ち。
イ 厳しい環境《かんきょう》をむかえうとうとする強い気持ち。
ウ いやな時期をなんとか乗り越《こ》えようと我慢《がまん》する気持ち。

［　　］

2 次の短歌を読んで、問題に答えましょう。

ステージ35

A 金色《こんじき》のちひ《（イ）》さき鳥のかたちして　銀杏《いちょう》ちるなり夕日の岡《おか》に　与謝野晶子《よさのあきこ》

B 白鳥《しらとり》は哀《かな》しからずや空の青　海のあを《（オ）》にも染まずただよふ《（ウ）》　若山牧水《わかやまぼくすい》

C 街をゆき子供の傍《そば》を通る時　蜜柑《みかん》の香《か》せり冬がまた来る　木下利玄《きのしたりげん》

(1) A〜Cの短歌の中で句切れが同じものを探し、記号で答えましょう。（完答10）

［　］と［　］

(2) Aの短歌には比喩が使われていますが、何を何にたとえていますか。［　］にあてはまる言葉を、短歌の中から書き抜きましょう。（8点）

・［　］の葉が散る様子を、金色のちいさい鳥にたとえている。

(3) 次の鑑賞《かんしょう》文に合う短歌をA〜Cの中から一つずつ選んで、記号で答えましょう。（5点×3）

ア 周囲に染まらない孤独さに共感している。
イ 季節の到来《とうらい》をにおいで感じとっている。
ウ 光り輝《かがや》く秋の美しい風景をうたっている。

ア［　］ イ［　］ ウ［　］

3 次の俳句を読んで、問題に答えましょう。

ステージ36

D 荒海《あらうみ》や佐渡《さど》によこたふ《（ウ）》天河《あまのがわ》　松尾芭蕉《まつおばしょう》

E を《（オ）》りとりてはらりとおもきすすきかな　飯田蛇笏《いいだだこつ》

F たたかれて昼の蚊《か》を吐《は》く木魚《もくぎょ》哉《かな》　夏目漱石《なつめそうせき》

(1) D〜Fの俳句の中で、季語の表す季節が違《ちが》うものを一つ選んで、記号で答えましょう。また、その俳句の季語を書き抜き、季節も答えましょう。（6点×3）

記号［　］ 季語［　］ 季節［　］

(2) Dの俳句から切れ字を書き抜き、何句切れか答えましょう。（5点×2）

切れ字［　］ 句切れ［　］

(3) 次の鑑賞文に合う俳句を、D〜Fの中から一つずつ選んで、記号で答えましょう。（5点×3）

ア 切れ字を用いて、本来軽いものに存在感を感じた驚《おどろ》きを表現している。
イ 大自然に対する感動を切れ字で表現するとともに、体言止めを用い、句に余韻《よいん》をあたえている。
ウ 擬人法《ぎじんほう》や切れ字を用いることで、楽しい句を一段高めている。

ア［　］ イ［　］ ウ［　］

冒《ぼう》険《けん》のきろく―詩・短歌・俳句

スタート

詩は文体によって、口語詩と文語詩の二つに分けられるよ。

音数などのきまりがあるものを定型詩、ないものを自由詩というよ。

短歌は、五・七・五・七・七の三十一音からできているよ。

短歌を数えるときは、一首・二首と数えよう。

句切れは、意味の切れ目のことだね。

俳句は、五・七・五の十七音からできているよ。

俳句を数えるときは、一句・二句と数えよう。

俳句には、季節を表す季語を入れるよ。

俳句の意味の切れ目や感動の中心には、切れ字が使われるよ。

次は
古文・漢文の
古代世界へ

表現技法がわかるようになる笛を手に入れた！

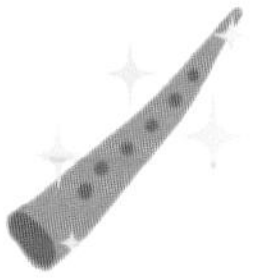

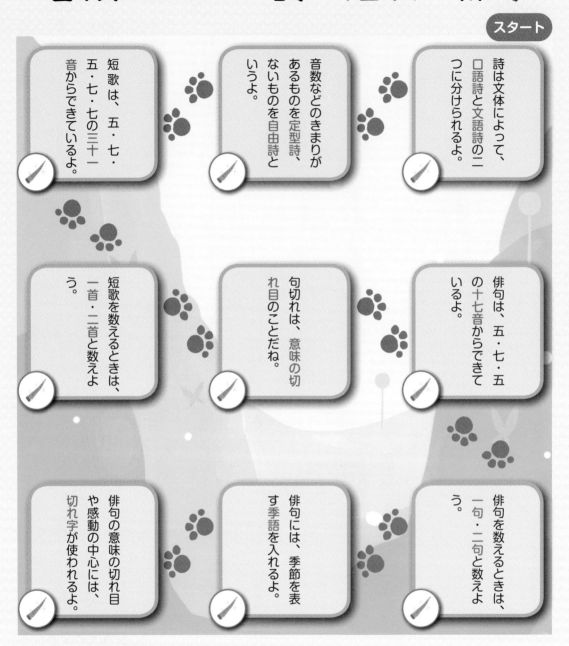

6章 古文・漢文

ここは古文・漢文が読まれている古代世界の街。

昔の言葉と現代の言葉とはどのような違《ちが》いがあるかな。古文・漢文の読み方を覚えいくよ。

古代世界を旅して「古文・漢文が読めるようになる鏡」を手に入れよう！

ステージ 37

古文の基礎知識

古文って？

「春はあけぼの。やうやう白くなりゆく…」これは『枕草子《まくらのそうし》』の冒頭《ぼうとう》部分。古文は現代の言葉といろいろと違《ちが》うところがあるんだよ。

月　日

① 古文とは

古文は、江戸《えど》時代の終わりごろまで書かれた日本語の文章のことを指します。古文で使われる言葉を**文語**《ぶんご》といいます。

- **文語**…昔の書き言葉。平安《へいあん》時代の文法のきまりをもとにしている。

文語に対して現代の話し言葉の形式を**口語**《こうご》というよ。

② 古文の代表的な作品

各時代の代表的な作品には次のようなものがあります。

- 奈良《なら》時代…『万葉集《まんようしゅう》』など
- 平安《へいあん》時代…『竹取物語《たけとりものがたり》』、『枕草子《まくらのそうし》』など
- 鎌倉《かまくら》時代…『平家《へいけ》物語』、『徒然草《つれづれぐさ》』など
- 室町《むろまち》時代…『太平記《たいへいき》』など
- 江戸《えど》時代…『おくのほそ道』など

③ 古文と現代語の違《ちが》っているところ

① **歴史的仮名遣《かなづか》い**で書かれている。（▽100ページ）

② 現代では使われなくなった単語が使われる。（▽102ページ）

③ 「〜は」「〜が」などの助詞や主語などがよく**省略される**。（▽104ページ）

④ 現代語にはない助動詞がある。（▽106ページ）

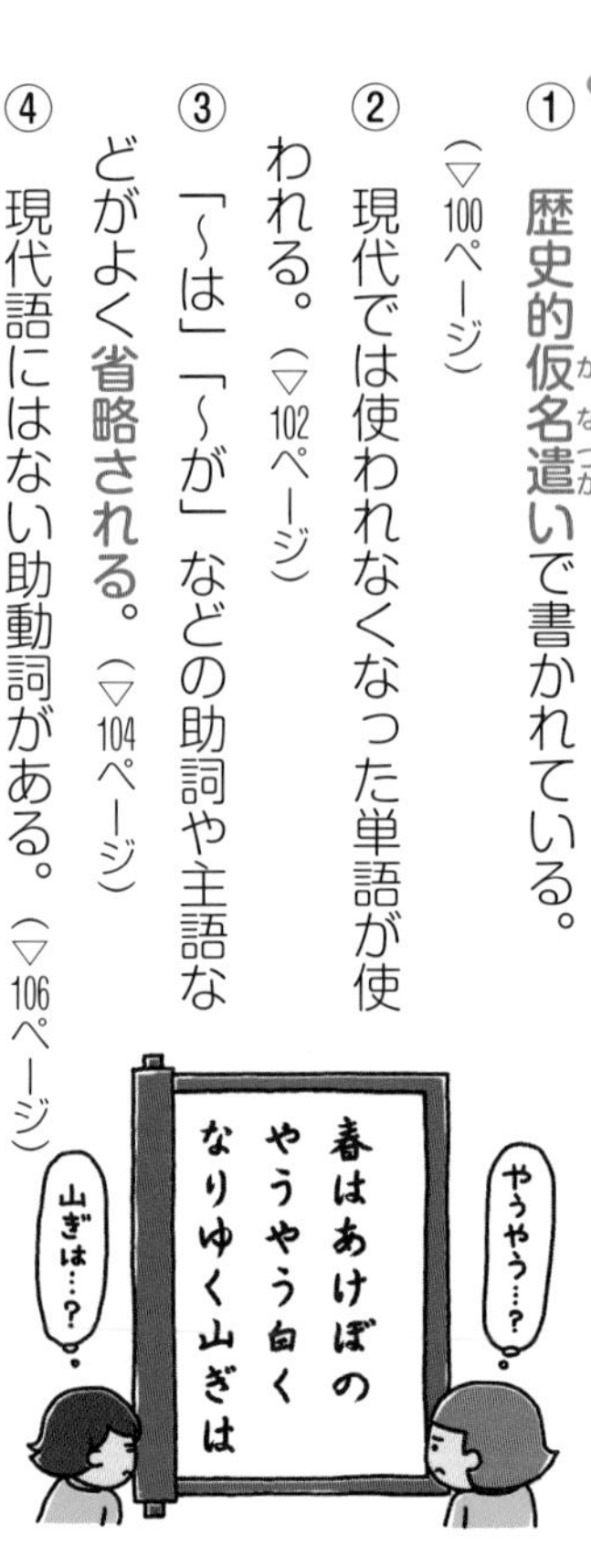

例　むかし、をとこ①（おとこ）＞③「が」の省略　ありけり④。東の五条わたりにいと②……
（『伊勢《いせ》物語』より）

（訳）昔、男が③いた④。東の五条あたりに、たいそう②……

コレだけ！

- □ 古文は文語で書かれている。
- □ 文語とは昔の書き言葉のこと。

解いてみよう！

解答 p.14

1 □にあてはまる言葉を、[ ]から選んで書きましょう。

古文とは、①時代の終わりごろまで書かれた日本語の文章のことを指します。古文で使われる言葉のことを②といいます。

江戸　文語

①［　　　］　②［　　　］

2 古文と現代語の文章の違いの説明として適切なものを、ア〜エの中からすべて選んで、記号で答えましょう。

ア　漢字だけを使って書き表されている。
イ　ほとんど現代語と同じ単語しか使われない。
ウ　助詞や主語などの省略が多い。
エ　現代語にはない助動詞がある。

［　　　］

古文の特徴《とくちょう》を確認《かくにん》しよう。

3 次の古文と現代語訳を読んで、問題に答えましょう。

春はあけぼの。やうやう（ヨウヨウ）白くなりゆく山ぎは（ワ）□、少しあかりて、紫《むらさき》だちたる雲のほそくたなびきたる。

（『枕草子』より）

（訳）春は明け方（が良い）。だんだんと白くなっていく山ぎわが、少し明るくなって、紫がかった雲が細くたなびいている（ところは風情《ふぜい》がある）。

(1) 右の文章は、『枕草子』の冒頭《ぼうとう》部分です。この作品は何時代に書かれたものですか。ア〜ウの中から一つ選んで、記号で答えましょう。

ア　奈良時代
イ　平安時代
ウ　鎌倉時代

［　　　］

(2) 右の古文の中の□には、助詞が省略されています。省略されている助詞を、現代語訳の中から一字で書き抜《ぬ》きましょう。

［　　　］

現代語訳で補われている助詞は何かな。

ステージ 38

歴史的仮名遣い

歴史的仮名遣いの読み方

「てふてふ」って何だろう？ 答えは「ちょうちょう」。「けふ」と書かれていたら「きょう」と読むんだよ。

月　日

古文に使われている仮名遣《かなづか》いを、歴史的仮名遣いといいます。

① 「はひふへほ」の読み方

・単語の二文字目以降のハ行の字はワ行で読む。

例 はひ（灰）→ハイ
いきほひ（勢い）→イキオイ

単語の一文字目のハ行の字はハ行のまま読みます。

まへ
ちゅうい
まへ？

② 「あう（ふ）」「いう（ふ）」「えう（ふ）」の読み方

・「ア段」＋「う・ふ」は「オー」と読む。

例 あふぎ（扇）→オーギ
さうらふ（候ふ）→ソーロー

・「イ段」＋「う・ふ」は「〇ュー」と読む。

例 うつくしう（美しう）→ウツクシュー
かりうど（狩人）→カリュード

・「エ段」＋「う・ふ」は「〇ョー」と読む。

例 けふ（今日）→キョー
せうと（兄人）→ショート

③ 「くわ」「ぐわ」の読み方

・「くわ」「ぐわ」は「カ」「ガ」と読む。

例 くわんげん（管弦）→カンゲン
ぐわんじつ（元日）→ガンジツ

④ その他の字の読み方

・「ぢ」「づ」は「ジ」「ズ」と読む。

例 もみぢ→モミジ・しづか→シズカ

・「ゐ」「ゑ」「を」は「イ」「エ」「オ」と読む。

例 ゐる→イル・こゑ→コエ・をんな→オンナ

・「む」は「ん」と読む場合がある。

例 常ならむ→常ならン

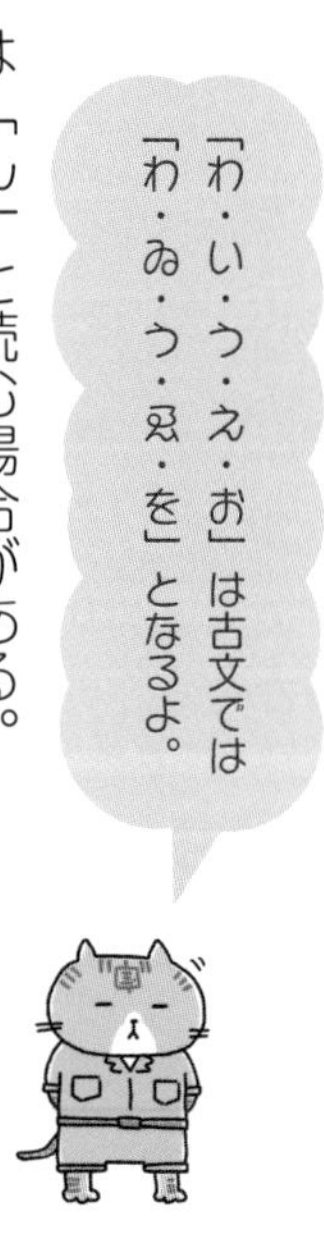
「わ・い・う・え・お」は古文では「わ・ゐ・う・ゑ・を」となるよ。

コレだけ！

□ **二文字目以降の「はひふへほ」は「ワイウエオ」と読む。**
□ **古文のワ行は「わゐうゑを」となる。**

解いてみよう！

解答 p.14

1 [ ]にあてはまる言葉を、[ ]から選んで書きましょう。

歴史的仮名遣いを読むときは、単語の二文字目以降の[①]を、[②]と読みます。また、「ぢ」は[③]、「づ」は[④]、「ゐ」は[⑤]、「ゑ」は[⑥]と読みます。古文のワ行は[⑦]になるので注意しましょう。

じ	え	わゐうゑを	わいうえお
ず	い	はひふへほ	

① [　　]　② [　　]

③ [　　]　④ [　　]

⑤ [　　]　⑥ [　　]

⑦ [　　]

古文のワ行は書けるようにしておこう。

2 次の言葉は歴史的仮名遣いで書かれています。例にならって、現代仮名遣いに直してすべてひらがなで書きましょう。

(例) かは [かわ]

(1) あはれ [　　]

(2) ほのほ [　　]

(3) あふぎ [　　]

(4) うつくしう [　　]

(5) てふてふ [　　]

(6) よろづ [　　]

(7) あぢさゐ [　　]

(8) ゆくすゑ [　　]

(9) 戦はむ [　　]

(10) をとこ [　　]

「はひふへほ」が「わいうえお」になるのは、単語の二文字目以降にあるときだけだよ。

ステージ 39

古語の意味

重要な古語

月　日

古語には、現代語にはない言葉や、現代語にもあるが意味が異なる言葉があります。また、現代と異なる言い方をする言葉も重要です。

1 現代語にはない言葉

・いと…とても
・いみじ…ひどい、はなはだしい
・さらなり…言うまでもない
・つきづきし…ふさわしい、似つかわしい
・つれづれなり…することがなく、退屈《たいくつ》だ
・やうやう《（ヨウヨウ）》…だんだん、しだいに
・らう《（ロウ）》たし…かわいらしい

2 現代語にもあるが意味が異なる言葉

・あは《（ワ）》れなり…しみじみとした味わいがある
・あやし…不思議だ
・いとほ《（オ）》し…気の毒だ
・うつくし…かわいらしい
・年ごろ…長年の間
・めでたし…すばらしい
・やがて…そのまま
・ゆかし…見たい、知りたい、心がひかれる
・を《（オ）》かし…趣《おもむき》がある、風情《ふぜい》がある

「にほひ《（イ）》」という言葉は現代では「香《かお》り」の意味だけど、古文では「色の美しさ」を表す視覚的なものだったんだよ。

3 月の呼び方

古文では、現代と異なる月の呼び方をすることがあります。

一月…睦月《むつき》　二月…如月《きさらぎ》　三月…弥生《やよい》
四月…卯月《うづき》　五月…皐月《さつき》　六月…水無月《みなづき》
七月…文月《ふづき》　八月…葉月《はづき》　九月…長月《ながつき》
十月…神無月《かんなづき》　十一月…霜月《しもつき》　十二月…師走《しわす》

昔のこよみは現代のこよみと季節が少し違《ちが》うので注意しよう。

コレだけ！

□「いと」は「とても」、「うつくし」は「かわいらしい」という意味。

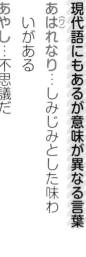

解いてみよう！

解答 p.14

1

次の古文の――線①〜③の言葉の意味を、現代語訳から書き抜《ぬ》きましょう。

春はあけぼの。①やうやう(ヨウヨウ)白くなりゆく山ぎは(ワ)、少しあかりて、紫《むらさき》だちたる雲のほそくたなびきたる。

夏は夜。月のころは②さらなり、闇《やみ》もなほ(オ)、蛍《ほたる》の多く飛びちがひ(イ)たる。また、ただ一つ二つなど、ほのかにうち光りて行くも③をかし(オ)。雨など降るもをかし(オ)。

（『枕草子《まくらのそうし》』より）

(訳) 春は明け方(が良い)。だんだん白くなっていく山ぎわが、少し明るくなって、紫がかった雲が細くたなびいている(ところは風情がある)。

夏は夜(が良い)。月の出るころは言うまでもない、闇もやはり、蛍が多く飛びかっている(のが良い)。また、ただ一つ二つなどが、ぼんやりと光りながら飛んでいくのも趣がある。雨などが降るのも風情がある。

① ［　　］

② ［　　］

③ ［　　］

2

次の古語の意味として適切なものを、ア・イから一つ選んで、記号で答えましょう。

(1) うつくし

ア きれいだ

イ かわいらしい

［　　］

(2) つれづれなり

ア することもなく、退屈だ

イ つくづくと考え事をする

［　　］

「うつくし」は現代語とは違《ちが》う意味だよ。

3

次の呼び方をするのは何月ですか。例にならって、漢数字で答えましょう。

(例) 皐月 ［五月］

(1) 長月 ［　　］

(2) 師走 ［　　］

(3) 弥生 ［　　］

ステージ 40

省略を補う

省略されている助詞や主語を補う

古文ではよく助詞や主語が省略されているよ。言わなくてもわかることは言わない、それが日本語だ。

月　日

1 古文での省略

古文では「書かなくても、これまでの内容から考えればわかってもらえるはずだ」と考えられる語句は省略されます。省略された語句を補うには、前の部分に書かれている内容をよく読むことが大切です。

2 助詞の省略

古文では「は」「が」「を」といった助詞がよく省略されます。あとの動詞との関係を考えて、「は」「が」「を」を補いましょう。

例　人あまた来る音す。

→ 人(が)あまた来る音(が)す。

(訳)　人がたくさん来る音がする。

3 主語の省略

前の部分に書かれた内容から判断できる場合、主語は省略されます。

例　今は昔、竹取《たけとり》の翁《おきな》といふ《ウ》ものありけり。(翁は)野山にまじりて竹を取りつつ、よろづ《ズ》のことに使ひ《イ》けり。

(『竹取物語』より)

(訳)　今となっては昔のことだが、竹取の翁という者がいた。翁は野山に分け入って竹を取っては、いろいろなことに使っていた。

登場人物は「翁」しかいない。したがって主語は「翁」だと判断できるので書かないんだよ。

コレだけ!

□ 古文は省略された助詞や主語を補いながら読む。

解いてみよう！

解答 p.14

次の古文と現代語訳を読んで、問題に答えましょう。

今は昔、竹取の翁といふ《ウ》ものありけり。野山にまじりて竹を取りつつ、よろづ《ズ》のことに使ひ《イ》けり。名をば、さぬきのみやつことなむいひ《イ》ける。

その竹の中に、もと光る竹なむ一筋《ひとすぢ(ジ)》ありける。あやしがりて、①寄りて見るに、筒《つつ》の中光りたり。それを見れば、三寸ばかりなる人、いとうつくしう《シュウ》てゐ《イ》たり。翁言ふ《ウ》や《ヨ》う、「われ朝ごと夕ごとに見る竹の中におは《ワ》するにて、知りぬ。子になり給ふ《ウ》べき人なめり。」とて、②手にうち入れて家へ持ちて来《き》ぬ。

（『竹取物語』より）

（訳）今となっては昔のことだが、竹取の翁という者［　］いた。野山に分け入って竹を取っては、いろいろなことに使っていた。名をさぬきのみやつことといった。

その竹の中に、根元が光る竹［　］一本あった。不思議に思って、近づいて見てみると、竹の筒の中［　］光っていた。それを見ると、三寸ほどの大きさの人［　］、とてもかわいらしい様子で座《すわ》っていた。翁［　］言うことには、「私［　］毎朝毎夕見る竹の中にいらっしゃるので、わかった。我《わ》が子となりなさるべき人なのだろう。」と言って、手にのせて家へ連れて来た。

(1) 現代語訳の［　］の中には、古文で省略されている、同じ助詞が入ります。その助詞を書きましょう。

［　　］

下の動詞との関係をよく考えてみよう。

(2) ①寄りて見るの主語を、古文中から四字で書き抜《ぬ》きましょう。

□□□□

ここで登場しているのは誰《だれ》かを考えてみよう。

(3) ②手にうち入れてとありますが、誰が何を手にのせて家へ連れて来たのですか。次の文の［　］に合う言葉を古文中から一字と八字で書き抜きましょう。

□が□□□□□□□□を手にのせて家へ連れて来た。

連れて来たのは誰？　手にのせたのは何？

古文の助動詞・助詞

古文特有の助動詞／格助詞「の」と「が」の意味

古文には現代語では使われない言葉や、意味が異なる言葉がたくさんあるよ。その一部を見てみよう。

月　日

1 古文にしか使われない助動詞

古文には、現代語にはない助動詞がたくさんあります。

- **けり**…過去を表し、「〜た」と訳す。

例 竹取《たけとり》の翁《おきな》といふ(ウ)ものあり**けり**。

(訳) 竹取の翁という者がいた。

- **ず**…打ち消しを表し、「〜ない」と訳す。

例 漂泊《へう(ヒョウ)はく》の思ひ(イ)やま**ず**

(訳) さすらい歩くことへの思いがやまない

- **なり**…断定を表し、「〜である・〜だ」と訳す。

例 毛の穴さへ(エ)見ゆるほど**なり**。

(訳) 毛穴さえも見えるほどである。

- **ぬ**…完了《かんりょう》を表し、「〜た」と訳す。

例 果たしはべり**ぬ**。

(訳) 果たしました。

2 「の」と「が」の意味

- **主語を表す「の」**…「〜が」と訳す。

例 白雪**の**かかれる枝

(訳) 白雪が降りかかった枝

の
が
白雪のかかれる枝
=
白雪が降りかかった枝

- **体言(名詞)をくわしく説明する「の」「が」**…「〜の」と訳す。

例 仁和寺《にんなじ》**の** 法師

「法師」をくわしく説明しています。

(訳) 仁和寺の法師

例 熊谷《くまがへ》(エ)**が** 発心《ほつしん》**の** 思ひ

(訳) 熊谷の出家への思い

誰《だれ》のどのような「思い」かを説明しているよ。

コレだけ！

□ **古文の「の」は、主語を表して「〜が」と訳すことがある。**

解いてみよう！

解答 p.15

1 ［　］にあてはまる言葉を、［　］から選んで書きましょう。

古文で用いられる助動詞で、現代語の「〜ない」にあたるのは①で、「〜である」にあたるのは②です。また、古文では③が主語を表すことがよくあります。

なり　の　ず

①［　　］　②［　　］
③［　　］

2 次の——線部の現代語訳として適切なものを、ア〜ウの中から一つ選んで、記号で答えましょう。

(1) ある川のほとりに、蟻《あり》遊ぶことありけり。

ア あった　イ あるだろう
ウ ない　［　　］

(2) 山までは見ず。

ア 見た　イ 見ない
ウ 見たい　［　　］

3 次の——線部の意味として適切なものを、ア・イの中から一つずつ選んで、記号で答えましょう。

(1) 月の都の人なり。

(2) 夏は来《き》ぬ。

ア 完了　イ 断定

(1)［　　］　(2)［　　］

「夏は来ぬ」は「夏が来た」という意味だよ。

4 次の——線部「の」「が」の用法として適切なものを、ア・イの中から一つずつ選んで、記号で答えましょう。

(1) 雪の降りたるは（降っている朝は）

(2) 秀衡《ひでひら》が跡《あと》（館のあと）は田野《でんや》になりて

ア 体言をくわしく説明する　イ 主語を表す

(1)［　　］　(2)［　　］

「の」と訳せるものがア、「が」と訳せるものがイだよ。

ステージ 42

係り結びのきまり

係り結びって?

「雪こそ降れ」。これは、「雪降れ!」と空に命令しているのではなく「雪」を強調した言い方なんだよ。

月　日

① 係り結びとは

文章の中に、ある決まった言葉(係《かか》りの助詞)が使われたために、**文末が終止形以外の活用形に変化することを係り結び**といいます。

係り結びによって、文章に**強調**や**疑問・反語**の意味が加わります。

・**反語**…疑問の形を使って、否定の内容を伝える文のこと。「〜だろうか、いや〜ではない」と訳す。

反語を用いると、ふつうに否定の文を作るより、意味が強く伝わります。

② 係り結びをする言葉と意味

	文末の活用形	意味
ぞ なむ	連体形	上の語を強調する。
や か		疑問＝〜だろうか 反語＝〜だろうか、いや〜ではない
こそ	已然形《いぜんけい》	上の語を強調する。

例 その竹の中に、もと光る竹なむ一筋《ひとすぢ》(ジ)ありける。(『竹取《たけとり》物語』より)

(訳) その竹の中に、根元が光る竹が一本あった。

「なむ」があるので文末が「けり(終止形)」ではなく「ける(連体形)」になっています。

古文の文法では、仮定形のかわりに**已然形**が使われます。「已然」とは「すでにそうなっている」という意味です。

コレだけ!

- □「ぞ・なむ・や・か・こそ」が係りの助詞。
- □係りの助詞があると文末の形が変化する。

解いてみよう!

解答 p.15

1 例にならって、あとの文の係りの助詞に——線を引きましょう。

(例) 名をば、さぬきのみやつことなむいひ《（イ）》ける。

(1) 晴れならずといふ《（ウ）》ことぞなき。

(2) いづ《（ズ）》れの山か天に近き。

2 次の文の けり は係りの助詞の影響《えいきょう》を受けて、活用形が変化します。正しい活用形をア〜ウの中から一つずつ選んで、記号で答えましょう。

(1) 尊《たふと（トウト）》くこそおは《（ワ）》し けり 。

(2) いづ《（ズ）》れか歌をよまざり けり 。

ア ける（連体形）　イ けり（終止形）

ウ けれ（已然形）

(1)［　　］　(2)［　　］

まずは係りの助詞を見つけ、次に文末がどの活用形になるのかを考えよう。

3 次の——線部の係りの助詞の意味をア・イから一つずつ選んで、記号で答えましょう。

(1) かたちよりは心なむまさりたりける。

(2) しばしとやいふ《（ウ）》。

ア 疑問・反語　イ 強調

(1)［　　］　(2)［　　］

4 次の——線部の言葉の活用形を答えましょう。

(1) よろづ《（ズ）》の言《こと》の葉とぞなれりける。［　　］

(2) あやしう《（シュウ）》こそものぐるほ《（オ）》しけれ。［　　］

文中にどの係りの助詞が使われているかで判断しよう。

ステージ 43

和歌の基礎知識

和歌って?

五・七・五・七・七の三十一音からなる短歌は、「三十一文字」と書いて「みそひともじ」と呼ばれることもあります。

❶ 和歌とは

和歌は、五音と七音の組み合わせからできている定型詩です。五・七・五・七・七、三十一音の短歌が基本で、他に長歌(五七・五七……五七七)などもあります。

❷ 和歌の表現技法

- 句切れ (▽90ページ参照)

例
五(初句) 七(二句)
玉の緒《を(オ)》よ／絶えなば絶えね／
五(三句) 七(四句) 七(結句)
ながらへ《(エ)》ば／しのぶることの／よわりもぞする

(訳) 私の命よ、絶えてしまうのなら絶えてしまえ。このまま生きながらえているならば、(恋心《こいごころ》を知られないように)堪《た》える心が弱まってしまうと困《こま》るから。

ここで意味が切れているから、この句は「二句切れ」だよ。

- 枕詞《まくらことば》…後ろに決まった単語を導き出すために置かれるもの。歌の調子を整える。多くは五音で、現代語には訳さない。

例
ちはやぶる—神
ひさかたの—光・天・空
たらちねの—母

- 序詞《じょことば》…ある言葉を導き出すために置かれるもの。ふつう七音以上で作者が創作したものが多い。現代語に訳す。

例
あしびきの山鳥の尾《を(オ)》のしだり尾のながながし夜《よ》をひとりかも寝《ね》む

「あしびきの」が「山」を導き出す枕詞。
部分が序詞で「ながながし(長い)」を導き出す。

(訳) 山鳥の垂れさがった長い尾のように長い長いこの(秋の)夜を一人さびしく寝るのだろうか。

- 掛詞《かけことば》…一つの言葉に二つ以上の同音の言葉の意味をもたせるもの。

例
まつ—「松」と「待つ」
かれ—「枯《か》れ」と「離《か》れ」
あき—「秋」と「飽《あ》き」

コレだけ!

- □ 和歌は三十一音の短歌の他に、長歌などもある。
- □ 枕詞は五音で、決まった単語を導き出すもの。

解いてみよう！

解答 p.15

1 □にあてはまる言葉を、┆　┆から選んで書きましょう。

和歌の一つである短歌は、①の三十一音で作られた定型詩です。表現技法には、一つの言葉に二つ以上の同音の言葉の意味をもたせる②や、後ろに決まった単語を導き出すために置かれる③などがあります。

掛詞	五・七・五・七・七	枕詞

①［　　］　②［　　］

③［　　］

2 次の和歌と現代語訳を読んで、問題に答えましょう。

ア 山里は冬ぞさびしさまさりける人目も草もかれぬと思へ（エ）ば

（訳）山里は、冬こそさびしさが一段と強くなることだ。人目も離れてしまい、草も枯れてしまう、と思うので。

イ ちはやぶる神代《かみよ》も聞かず竜田川《たつたがは》（ワ）からくれなゐ（イ）に水くくるとは

（訳）神代の昔でさえも聞いたことがありません。竜田川が紅葉《もみじ》で紅色に水をしぼり染めにするなどとは。

(1) 字余りの歌は**ア**・**イ**のどちらですか。記号で答えましょう。

［　　］

五・七・五・七・七で切って数えてみよう。

(2) **ア**の歌は何句切れですか。現代語訳を参考にして答えましょう。

［　　］

(3) **ア**の歌の**かれ**は掛詞になっています。次の文の□に合うように、現代語訳から言葉を書き抜《ぬ》きましょう。

「かれ」に①と②が掛《か》けられている。

①［　　］　②［　　］

現代語では漢字の読み方が違《ちが》うことに注意しよう。

(4) **イ**の和歌から、枕詞を書き抜きましょう。

［　　］

現代語には訳さない五文字の言葉が「枕詞」だよ。どの言葉を訳していないかを考えてみよう。

ステージ 44

漢文の基礎知識

漢文って?

漢文は中国の古典の文章です。漢文を日本語として読むときには、日本語も古典文法を使います。

月　日

① 漢文とは

漢文は、古代中国の文体で書かれた文章です。漢字だけで書かれており、語順が日本語と異なります。

例　我《われ》は書を読む。(日本語)/我読書(漢文)

また、置き字という、日本語にする際に読まない字もあります。

② 漢文の読み方

日本人は、漢字だけのもとの文章(白文)に、読む順番を指示する符号《ふごう》(返り点)・送りがな・句読点を加えて日本語として読めるように工夫《くふう》しました。

返り点・送りがな・句読点をあわせて訓点《くんてん》と呼び、漢文を訓点に従って読むことを訓読《くんどく》といいます。

- 白文…漢字だけのもとの文章。

例　良 薬 苦 於 口

- 訓読文…白文に訓点をつけたもの。

例　良 薬ハ 苦《にが》シ二 於 口一。

- 書き下《くだ》し文…訓読文を訓点に従って、漢字仮名《かな》交《ま》じりで書いたもの。

例　良薬は口に苦し。

③ 訓点の種類

訓点は、次のようにつけます。

- 返り点…漢字の左下につける。漢字を読む順番を指示する符号。レ点、一・二点など。
- 送りがな…漢文にない助詞や活用語尾《ごび》を補ったもの。漢字の右下に、歴史的仮名遣《づか》いを用いて、カタカナで書く。
- 句読点…「、」=読点、「。」=句点。日本語と同じ位置につける。

また、漢字の読み方を表すふりがなは、漢字の右側に、歴史的仮名遣いを用いて、ひらがなで書きます。

コレだけ!

- □ **返り点・送りがな・句読点をあわせて訓点という。**
- □ **漢文を訓点に従って読むことを訓読という。**

解いてみよう！

解答 p.15

1

□にあてはまる言葉を、□から選んで書きましょう。

漢文は、古代中国の文章です。もともとの漢字だけで書かれたものを[①]といいます。日本人は、①の左下に、漢字を読む順番を指示する符号である[②]をつけ、右下に[③]をつけて、漢文を日本語として読めるように工夫しました。これらの符号を合わせて[④]と呼びます。漢文を④に従って読むことを[⑤]といいます。

訓点　返り点　送りがな　白文　訓読

① [　　　] ② [　　　]
③ [　　　] ④ [　　　]
⑤ [　　　]

2

次の各文について、問題に答えましょう。

A　己所不欲勿施於人

B　己《おのれ》ノ所レ不《ざル》レ欲《ほっせ》（ホッ）、勿《なカレ》レ施《ほどこスコト》二於人一。ニ

C　己の欲せざる所、人に施すこと勿かれ。

(1) A・B・Cのような文のことを、それぞれ何と呼びますか。ア〜ウの中から一つずつ選んで、記号で答えましょう。

ア　書き下し文　イ　訓読文　ウ　白文

A [　　　] B [　　　]
C [　　　]

アとイを混同しないように注意しよう。

(2) Aの「於」は日本語にする際に読まない字です。このような字を何というか、答えましょう。

[　　　]

ステージ
45

返り点の読み方
漢文のルール

漢文の返り点は主にレ点と一・二点を使うよ。それで足らないときは上・(中)・下点を使うんだ。

月　日

①返り点の読み方

・レ点《れてん》…真下の字を先に読んでからレ点のついた字を読む。

□レ□。→2レ1。

・一・二点…「二」のついている字は、読まずにいったん飛ばして下の字に進む。「一」のついている字が出てきたら、その次に「二」のついている字を読む。

□二□　□一。→3二1　2一。

・上・下点…一・二点をはさんで返るときに使う。一・二点を先に読んでから、上・下の順に読む。読み方は一・二点と同じ。

□下□二□　□一□上。
←5下3二1　2一4上。

一・二点と上・下点は、二字以上離《はな》れた文字から上の文字に返って読むとき用います。

②書き下し文にする

・一レ点《いちれてん》…一点とレ点の組み合わさったもの。真下の字を先に読み、「一」のついた字、「二」のついた字と読んでいく。

□二□　□一レ□。→4二1　3一レ2。

・返り点がついていない漢字は上から一文字ずつ読む。返り点がついている字は、その指示に従う。

・助詞や助動詞にあたる漢字、カタカナで書かれた送りがなはひらがなに直す。

・置き字(而・矣・於・乎など)は読まない。

例　和シテ而不レ同ゼ。→和して同ぜず。
（置き字：而　助動詞：不）

コレだけ！

□ レ点は下の字を先に読む。
□「二」のついた字は「一」のついた字の次に読む。

解いてみよう！

解答 p.16

1 □にあてはまる言葉を、[ ]から選んで書きましょう。

返り点には、すぐ下の文字から返って読むことを表す①や、二文字以上離れた文字から上の文字に返って読むことを表す②、間に②をはさんで返って読むときに使う③などがあります。なお、書き下し文を作るときには送りがなは、④にします。

上・下点　一・二点　レ点　ひらがな

① [　　　]　② [　　　]

③ [　　　]　④ [　　　]

2 例にならって、返り点に従って読む順番を、□の中に算用数字で書きましょう。

(例) □レ □。→ 2レ 1。

(1) □レ □レ □レ □。

(2) □二 □ □レ □ □一レ □。

(3) □下 □ □二 □ □一 □上。

3 例にならって、数字の順に読むように、返り点をつけましょう。

(例) 2 1。→ 2レ 1。

(1) 5 1 2 3 4。

(2) 2 1 5 3 4。

(3) 5 4 2 1 3。

次の字が上にあるか、下にあるかに注意しよう。

4 例にならって、書き下し文を書きましょう。

(例) 不《ず》レ知《ラ》。 [知らず。]

(1) 春《しゅん》眠《みん》不《ず》レ覚《エ》レ暁《ヲ》 [　　　]

(2) 故人西《ノカタ》辞《シ》二黄鶴楼《ヲ》一 [　　　]

(1)の「不《ず》」は、ひらがなにするよ。

漢詩の基礎知識

漢詩って?

文章の書き方や、四コマ漫画《まんが》の展開などで「起承転結」って言葉を聞いたことがあるかな。実は漢詩からきた言葉なんだよ。

月　日

❶ 漢詩とは

漢詩は、漢文で書かれた詩です。

❷ 漢詩の形式

- 一首の句数(行数)…**四句**(=絶句《ぜっく》)か**八句**(=律詩《りっし》)
- 一句の字数…**五字**(=五言《ごごん》)か**七字**(=七言《しちごん》)

この組み合わせによる、以下の形式が代表的なものです。

- **絶句**《四句(四行)》
  - 五言絶句…一句(行)の字数が五言(字)
  - 七言絶句…一句(行)の字数が七言(字)
- **律詩**《八句(八行)》
  - 五言律詩…一句(行)の字数が五言(字)
  - 七言律詩…一句(行)の字数が七言(字)

❸ 漢詩の表現技法

- **押韻《おういん》**…句の最後を、同じような音読みの漢字でそろえること。
- **対句《ついく》**…意味や形式が対になっている、となり合った二つの句。

❹ 漢詩の構成

春《しゅん》暁《げう》(ギョウ)　孟浩然《まうかうねん》(モウコウ)

五言(字)

四句(行)

春《しゅん》眠《みん》不《ず》レ覚エレ暁《あかつき》ヲ　**起句《きく》**(内容を歌い起こす。)

処《しょ》処《しょ》聞ク二啼《てい》鳥《てう》(チョウ)ヲ一　**承句《しょうく》**(起句を承《う》けて発展させる。)

夜《や》来《らい》風《ふう》雨《う》ノ声　**転句《てんく》**(内容を一転させる。)

花落ツルコト知ル多少　**結句《けっく》**(全体を結ぶ。)

五文字で四行だから…コレ!

(訳)　春の夜明け　孟浩然

春の眠り《ねむ》は(心地よくて)夜明けにも気がつかない

あちらこちらから鳥の鳴き声が聞こえる

昨晩は(強い)風や雨の音がしていた

(庭の)花はどれほど散ったことだろう

コレだけ!

- □ **漢詩の一句の字数は五字か七字。**
- □ **四句のものを絶句、八句のものを律詩という。**

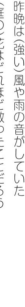

解いてみよう！

解答 p.16

次の漢詩と現代語訳を読んで、問題に答えましょう。

春《しゅん(シュン)》望《ぼう(ボウ)》　杜《と》甫《ほ》

国破レテ山河在リ
城春ニシテ草木深シ
感ジテハレ時ニ花ニモ濺ギレ涙ヲ
恨ンデハレ別レヲ鳥ニモ驚カスレ心ヲ
烽火連ナリ二三月ニ一
家書抵ル二万金ニ一
白頭掻ケバ更ニ短ク
渾テ欲スレ不ザラントレ勝ヘレ簪ニ

国《くに》破れて山河在《さんがあ》り
城《しろ》春にして草木《さうもく(ソウ)》深《ふか》し
時に感じては花にも涙《なみだ》を濺《そそ》ぎ
別れを恨《うら》んでは鳥にも心を驚《おどろ》かす
烽火三月《ほうくわ(カ)さんげつ》に連《つら》なり
家書万金《かしょ(ショ)ばんきん》に抵《あた》る
白頭掻《はくとうか》けば更《さら》に短く
渾《すべ》て簪《しん》に勝《た》へ《(エ)》ざらんと欲《ほっ(ホッ)》す

（訳）
春の眺《なが》め
国は攻《せ》め破られて破壊《はかい》されたが、山や河《かわ》は昔のままである
町の中には春が訪《おとず》れ、草木が生《お》い茂《しげ》っている
このような時勢に悲しみを感じて、花を見ても涙を流し
家族と離《はな》れてしまったことを恨《うら》めしく感じて、鳥の声にも心を騒《さわ》がせる
戦争ののろしは三か月も上がり続け
家族からの手紙は大金にも値する（ほど貴重になった）
私が白髪《しらが》頭を掻《か》くと、髪《かみ》が抜《ぬ》けてどんどん少なくなり
かんざしをまったくさすこともできなくなりそうだ

(1) この詩の形式を答えましょう。
［　　　　］

一句の字数と、詩全体の句数から判断しよう。

(2) 一句目と二句目、三句目と四句目のような、意味や形が対になっているとなり合った二つの句の関係を何といいますか。漢字二字で答えましょう。
□□

五句目と六句目も同じ関係だね。

(3) この詩にあつかわれている内容として、**適切でないもの**をア〜エの中から一つ選んで、記号で答えましょう。
ア 自らの老いを実感するさみしさ。
イ 長く続く戦乱の世に対するいらだち。
ウ 貧乏《びんぼう》な暮らしに対するみじめさ。
エ 変わらぬ自然と人間の行為《こうい》のはかなさ。
［　　　　］

「草木」「烽火」「白頭」などの言葉に注目しよう。

/100点　月　日

1 次の古文と現代語訳を読んで、問題に答えましょう。

仁和寺《にんなじ》にある法師《ほふし(ウ)》、年寄るまで＊石清水《いはしみづ(ワ)(ズ)》を拝《をが(オ)》まざりければ、心《こころ》憂《う》く覚えて、あるとき思ひ《(イ)》たちて、ただ一人かちより①詣《まう》でけり。極楽寺《ごくらくじ》・高良《かうら(コ)》などを拝みて、かばかりと心得て帰りにけり。さて、かたへ《(エ)》の人にあひ《(イ)》て、「年ごろ思ひ《(イ)》つること、果たしはべりぬ。聞きしにも過ぎて、尊《たふと(トウト)》く②こそおはしけれ。そも、参りたる人ごとに山へ登りしは、何事かありけん、③ゆかしかりしかど、神へ参るこそ本意《ほい》なれと④思ひ《(イ)》て、山までは見ず。」とぞ⑤言ひ《(イ)》ける。

少しのことにも、先達《せんだち》はあらまほしきことなり。

〈兼好法師《けんこうほうし》『徒然草《つれづれぐさ》』より〉

＊石清水…京都府にある石清水八幡宮《いわしみずはちまんぐう》のこと。山の上にある神社で、ふもとに極楽寺と高良神社があった。

(訳) 仁和寺にいる法師が、年をとるまで石清水八幡宮をお参りしたことがなかったので、残念に思って、あるとき思い立って、たった一人徒歩で参詣《さんけい》した。極楽寺や高良神社などを拝んで、(石清水八幡宮は)これだけだと思い込《こ》んで帰ってしまった。それから、仲間に会って、「長年の間思っていたことを、なしとげました。聞いていたよりもまさって、尊くあられました。それにしても、お参りに来た人々がみな山へ登って行ったのは、何事かあったのでしょうか。知りたかったけれど、(石清水八幡宮を)お参りすることこそが本来の目的だと思って、山の上までは見ませんでした。」と言った。

ちょっとしたことにも、その道の案内人はあってほしいものである。

(1) ①詣でけり、②おはしけれを現代仮名遣《かなづか》いですべてひらがなで書きましょう。(10点×2)

① [　　　　] ② [　　　　]

(2) ③ゆかしかりしかどの意味を、現代語訳から書き抜《ぬ》きましょう。(12点)

[　　　　]

(3) ④思ひての主語として最も適切なものを、ア〜エの中から一つ選んで、記号で答えましょう。(12点)

ア　仁和寺にある法師　イ　かたへの人
ウ　参りたる人　エ　筆者

［　　］

(4) ⑤けるは、係り結びによって「けり」が活用したものです。係りの助詞を書き抜きましょう。(10点)

［　　］

2 次の書き下し文と現代語訳を読んで、問題に答えましょう。

子曰《しい(ワ)》はく、「学びて時に之《これ》を習ふ《(ウ)》、亦説《またよろこ》ばしからずや。①朋《とも》遠方より来たる有り、②亦楽しからずや。③人《ひと》不《ずシテ》レ知《ラ》而不レ慍《うらミ》、④亦君子《くんし》ならずや。」と。

〈『論語《ろんご》』学而《がくじ》より〉

(訳) 先生はおっしゃったことには、「学問をして機会があるたびにその内容を復習するのは、なんと喜《よろこ》ばしいことではないか。友人が遠くから訪ねてきてくれるようなことがあるのは、［　　］。他人が自分のことを認めてくれていないとしても恨《うら》みに思うようなことがないのは、なんと立派な人物ではないか。」と。

(1) ①朋遠方より来たる有りを参考にして、次の文に送りがなと返り点をつけましょう。なお、「自」は「自《よ》り」と読みます。(12点)

有　朋　自　遠　方　来

(2) ［　　］には②亦楽しからずやの現代語訳があてはまります。最も適切なものを、ア～エの中から一つ選んで、記号で答えましょう。(10点)

ア　きっと楽しくないことだろう
イ　ちっとも楽しくないではないか
ウ　楽しいかどうかわからない
エ　なんと楽しいことではないか

［　　］

(3) ③人《ひと》不《ずシテ》レ知《ラ》而不レ慍《うらミ》を書き下し文に書き直しましょう。(12点)

［　　］

(4) ④君子とはこの場合どのような意味ですか。現代語訳から書き抜きましょう。(12点)

［　　］

冒《ぼう》険《けん》のきろく―古文・漢文

スタート

古文は文語で書かれているよ。

歴史的仮名遣《かなづか》いのワ行は「わゐうゑを」となるよ。

「うつくし」は「かわいらしい」という意味だね。

古文は、省略されている助詞や主語を補いながら読み進めよう。

古文に出てくる「の」は「が」と訳して主語を表す場合があるよ。

「ぞ・なむ・や・か・こそ」の係りの助詞があると、文末の形が変化するよ。

和歌には、特定の言葉を導く枕詞《まくらことば》が使われるよ。

レ点は真下の文字から上に返って読む符《ふ》号《ごう》だよ。

一・二点は一を読んだら二に返って読む符号だったね。

さあ、元の世界へ帰ろう

古文・漢文が読めるようになる鏡を手に入れた!

②

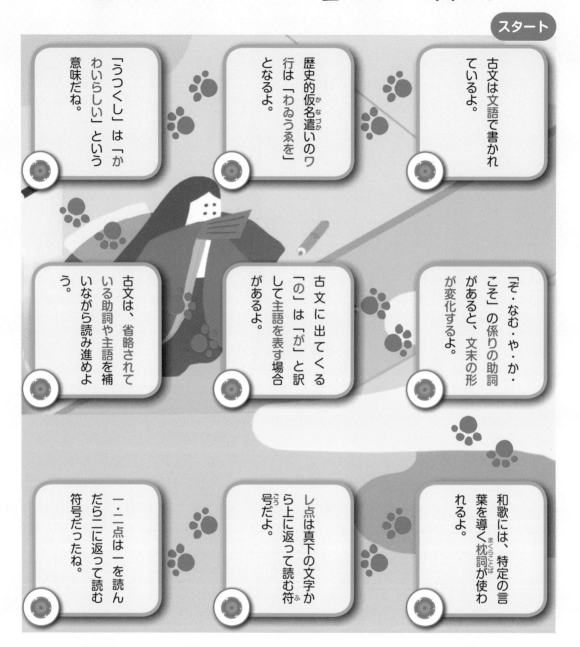

□ 編集協力　㈲マイプラン　多湖奈央　冨田有香　福岡千穂
□ 本文デザイン　studio1043　CONNECT
□ DTP　㈲マイプラン
□ イラスト　さやましょうこ（㈲マイプラン）

シグマベスト
ぐーんっとやさしく
中学国語

編　者　文英堂編集部
発行者　益井英郎
印刷所　凸版印刷株式会社
発行所　株式会社文英堂
〒601-8121　京都市南区上鳥羽大物町28
〒162-0832　東京都新宿区岩戸町17
(代表)03-3269-4231

●落丁・乱丁はおとりかえします。

中学国語

ぐーんっと やさしく

解答と解説

文英堂

ステージ1 漢字の基本
漢字の画数・部首

❶ (1) 二 (2) 三 (3) 六

❷ (1) 十一 (2) 十 (3) 十二

❸ (1) イ (2) ア (3) ウ

❹ (1) ウ (2) エ (3) イ (4) ア

❺ (1) 部首 扌 部首名 てへん (2) 部首 皿 部首名 さら

解説

❷(1)弓(ゆみへん)、(2)辶(しんにょう)、(3)阝(おおざと)はすべて三画で書く。

❹(2)广(まだれ)は屋根や建物の意味がある。

❺(1)上から拾・技・揮。(2)上から盛・盟・益。

ステージ2 同じ読み方の漢字
同訓異字・同音異義語

❶ ※○をつける記号を載《の》せています。

(1) イ (2) ア (3) イ (4) ウ

❷ ※○をつける記号を載せています。

(1) ウ (2) イ (3) ア (4) イ

解説

❶(2)「務める」は役目として何かをすること。「努める」は努力して何かをすること。「勤める」は仕事をすること。

❷(3)「解放」は束縛《そくばく》から自由になること。「開放」はあけはなすこと。「快方」は病気やけがが良くなること。

(4)「以外」は「その他」という意味。「意外」は「自分の予想とは違《ちが》うこと」という意味。

ステージ3 まちがえやすい漢字
まちがえやすい漢字の読み書き

❶ (1) 右から 積 績 責 (2) 右から 捨 拾

❷ (1) 展 (2) 未 (3) 専

❸ (1) 改める (2) 難しい (3) 分かれる

❹ (1) とうと(たっと) (2) とお (3) ちぢ (4) じゃっかん

解説

❶(1)「積」はここでは広さの意味、「績」は糸をつむぐ意から、事業の成果の意味、「責」はせめる、とがめるの意味。

❷(3)「専」には「、」をつけない。

❹(1)「尊い」は「とうとい」と表記する。(2)「通り」は「とおり」と表記する。

ステージ4 熟語の組み立て①
二字熟語

❶ (1) 集合 (2) 明暗 (3) 腹痛 (4) 早春 (5) 着席 (6) 未定 (7) 知的 (8) 満々

❷ (1) ウ (2) ア (3) イ

❸ (1) 不 (2) 無 (3) 未 (4) 非

解説

❶(1)「集」も「合」もここでは「あつまる」という意味。

❷(1)似た意味の漢字を重ねたもの。「身」と「体」はどちらも「からだ」、「衣」と「服」はどちらも「きもの」の意味。

(2)「最高」は最も高い、「海水」は海の水と、上が下をくわしく説明している。

ステージ 5 熟語の組み立て②

三字熟語・四字熟語

❶ (1) 初対面 (2) 未成年 (3) 衣食住

❷ (1) ア (2) イ (3) ウ

❸ (1) 悪戦苦闘 (2) 質疑応答 (3) 花鳥風月

❹ (1) ウ (2) ア (3) イ

解説

❶(2)「未」は「まだ～ない」という意味の否定の漢字。

❸「花鳥風月」は、自然の美しい風物のこと。四つの漢字が対等。「悪戦」も「苦闘《くとう》」も、苦しい状況《じょうきょう》の中で努力すること。

❹(1)四つの漢字が対等なもの。

(2)上の二字が下の二字をくわしく説明するもの。

(3)反対・対《つい》の意味の二字の熟語を重ねたもの。

ステージ 6 意味の似た言葉・反対の言葉

類義語・対義語

❶ (1) イ (2) エ (3) ア (4) ウ

❷ ※○をつける記号を載せています。

(1) ア (2) ア

❸ (1) イ (2) ウ (3) エ (4) ア

❹ (1) ウ (2) ア (3) イ (4) エ

解説

❷(1)「基本」も「根本」も「物事の大もと」という意味。「根本」は考え方や理念などに使われることが多い。

❸(1)「感情」は物事に対する喜怒哀楽《きどあいらく》などの気持ちのこと。「理性」は感情に左右されず、考えて行動する能力のこと。

(4)「寒」と「暖」、「冷」と「温」はともに反対の意味。

ステージ 7 よくでる慣用句

慣用句

❶ (1) 手 (2) 鼻 (3) 耳 (4) 肩 (5) 頭

❷ (1) 雀の涙 (2) 猫をかぶる

❸ イ

解説

❶(5)「頭が下がる」と「頭が上がらない(引け目を感じて対等にふるまえない)」を混同して使わないように注意する。

❷(1)「雀《すずめ》の涙《なみだ》」は、ほんのわずかなこと。「とても小さい」の意味で使うのは誤り。

❸「気が置けない」を、「置けない」という否定の表現から、「気が許せない、油断できない」という意味とまちがえやすいので注意する。

ステージ 8 覚えたいことわざ・故事成語

ことわざ・故事成語

❶ (1) ウ (2) エ (3) イ (4) ア

❷ (1) ア (2) イ

❸ (1) イ (2) ア

解説

❷(1)「蛇足《だそく》」は、蛇《へび》の絵に足を描《か》き足したばかりに、酒を飲みそこなった男の話からできた言葉。

❸(1)「情けをかけるとその人のためにならない(ので情けをかけるべきではない)」の意味で使うのは誤り。

(2)「他山の石」を、「自分の行動の手本となる他人の良い言動」の意味で使うのは誤り。他人のつまらない言動のことなので、使い方に注意する。

確認テスト ①章

❶ (1) 部首名 ころもへん　総画数 十二

(2) 部首名 たけかんむり　総画数 十

(3) 部首名 くにがまえ　総画数 八

❷ (1) 効　(2) 訪　(3) 図

解説 (2)「訪ねる」は訪問すること。「尋ねる」は探し求める、質問すること。

(3)「計る」は時間を調べること。「図る」は見通しを立てること。

❸ (1) 異常　(2) 精算　(3) 衛生

解説 (1)「異常」は通常とは違《ちが》うこと。「異状」はふつうとは異なる状態のこと。

(2)「精算」は細かく計算すること。「清算」は後始末や結末をつけること。

(3)「衛星」は惑星《わくせい》の周囲を回っている天体のこと。「衛生」は清潔にするよう気を配ること。

❹ ※○をつける記号を載《の》せています。

(1) ア　(2) イ

❺ (1) ウ　(2) ア　(3) イ

解説 (1)動作を表す漢字の下に、その動作の対象がくるもの。

(2)上の漢字が下の漢字をくわしく説明しているもの。

(3)主語(誰《だれ》・何が)と述語(どうした)の関係のもの。

❻ (1) 不　(2) 無　(3) 未　(4) 非

❼ (1) イ　(2) ア　(3) ウ

解説 (3)「内容」は中に含《ふく》まれているもの。「形式」は外に現れている形。

❽ (1) 歯　(2) 顔　(3) 口

解説 (1)の「歯が立たない」はとてもかなわない、(2)の「顔が広い」は知り合いが多い、(3)の「口が堅《かた》い」は秘密をむやみに人に言わない、という意味。

❾ (1) ウ　(2) ア　(3) イ　(4) エ

ステージ 9 言葉の単位

文節・単語

❶ ①文章 ②段落 ③文 ④文節 ⑤単語 ⑥ネ

❷ 三

❸ (1) 朝食に／トーストを／食べる。

(2) 彼は／子供に／とても／やさしい。

(3) カレーの／材料を／買いに／行く。

❹ (1) 朝食／に／トースト／を／食べる。

(2) 彼／は／子供／に／とても／やさしい。

(3) カレー／の／材料／を／買い／に／行く。

解説 ❸「ネ」などを入れて不自然ではないところで区切る。

❹文節を、それ以上分けると意味がわからなくなるところまで分ける。

ステージ 10 文の組み立て

文節どうしの関係

❶ ①主語 ②述語 ③連文節

❷ (1) ウ　(2) イ　(3) ア

❸ (1) イ　(2) ウ　(3) エ

❹ (1) ア　(2) ウ　(3) イ

解説 ❷(2)「とても」は「さわやかだ」を説明している修飾語《しゅうしょくご》。

❸(1)述語に対して「何が」「誰が」と問いかけると、主語が見つかる。「咲《さ》いた」、何が？「花が」で、「花が」が主語。

(3)「いた」は本来の存在するという意味がうすれ、～し続けるという意味を「起きて」にそえている。

❹(2)「おいしくて安い」と前後を入れかえても意味が変わらないのは、並立《へいりつ》の関係。

ステージ 11

品詞について

単語を分類しよう

❶ ①品詞 ②体言 ③用言 ④自立語 ⑤付属語

❷ (1) エ (2) カ (3) オ

❸ ①B ②A ③B ④A

❹ ①オ ②ク ③エ ④イ ⑤キ ⑥ケ ⑦ウ ⑧ア ⑨カ ⑩コ

解説

❸②「行く」と④「試合」は、それだけで意味がわかるので自立語。①「へ」と③「の」は、それだけでは意味がわからないので付属語。

❹②「きれいだ」は「だ」で終わるので形容動詞。⑤「涼《すず》しい」は「い」で終わるので形容詞。⑦「小さな」は、体言(名詞)だけを修飾する連体詞。「小さい」(形容詞)とは別の品詞なので注意する。

ステージ 12

名詞について

名詞とは

❶ ①自立語 ②体言 ③主語 ④形式 ⑤ひらがな

❷ ケーキ あなた 北海道 二年二組 使用

(順番は異なっていてもよい)

❸ (1) ウ (2) イ (3) オ (4) ア (5) エ

❹ ア

解説

❷「使う」は動詞だが、「使用」は「新薬の使用が認《みと》められた。」などと、主語になるので名詞。

❸(3)「今日のところ」の「ところ」に、場所の意味はないので、形式名詞。

❹アの「もの」には物体の意味はないので形式名詞。イの「もの」は重い物体の意味で、普通《ふつう》名詞。

ステージ 13

副詞・連体詞について

副詞・連体詞とは

❶ ①自立語 ②用言 ③呼応 ④しない ⑤体言

❷ (1) とても (2) 決して (3) わんわん

❸ (1) イ (2) ア (3) ウ

❹ ア・ウ・オ

(順番は異なっていてもよい)

解説

❷(1)「とても」はどのくらい「おいしい」かを表す、程度の副詞。

(2)「決して」は決まった言い方「ない」と呼応する、呼応の副詞。

(3)「わんわん」はどのように「泣く」のかを表す、状態の副詞。

❹イの「あちら」は、「あちらがトイレです。」のように、主語になるので、名詞。エの「いろいろと」は、どのように用事を頼《たの》まれたのかを表す状態の副詞。

ステージ 14

活用とは／語幹と活用語尾の違い／活用形の種類

活用とは

❶ ①活用 ②語幹 ③活用語尾 ④六 ⑤連用形 ⑥連体形

❷ (1) ①乗ら ②乗り

(2) 乗(の)

❸ ①エ ②イ ③ア ④オ ⑤ウ ⑥カ

解説

❷(1)自然な形になるように考えると、①「乗ら」②「乗り」となる。

❸活用形は、あとに続く言葉で判断する。①「ので」があとに続くので連体形。②「た」があとに続くので連用形。③「ない」があとに続くので未然形。④「ば」があとに続くので仮定形。⑤言い切る形は終止形。⑥命令の意味で言い切る形は命令形。

ステージ 15

動詞について

動詞とは

❶ ①動作 ②ウ段の音 ③述語 ④ない ⑤来る

❷ 歩く 合格する

(順番は異なっていてもよい)

❸ (1) 借り (2) 集めれ

❹ (1) ウ (2) イ (3) ア

解説 ❷「合格する」はサ行変格《へんかく》活用動詞。「ようやく」は副詞、「いいえ」は感動詞、「しかし」は接続詞、「ごぼう」は名詞、「美しい」は形容詞、「陽気だ」は形容動詞。

❹「ない」をつけて判断する。(1)「立てない」と「ない」の直前がエ段の音になるので下一段活用。(2)「信じない」と直前がイ段の音になるので上一段活用。(3)「渡《わた》さない」と直前がア段の音になるので五段活用。

ステージ 16

形容詞・形容動詞について

形容詞・形容動詞とは

❶ ①性質 ②い ③だ ④用言 ⑤述語

❷ 形容詞 美しい・良い・寒い

形容動詞 静かだ・きれいです

(順番は異なっていてもよい)

❸ (1) ほしい (2) 楽しい (3) きれいだ (4) 簡単だ

❹ ※——線を引く部分を載《の》せています。

(1) 高けれ (2) 早く

(3) にぎやかでし

(4) さわやかな

解説 ❷「冷たさ」は「冷たさが大事だ。」などと主語になるので名詞。「歌う」は動詞、「小さな」は連体詞。

ステージ 17

助動詞について

助動詞とは

❶ ①意味 ②気持ち ③付属語 ④活用

❷ ※——線を引く部分を載せています。

(1) たがる (2) う (3) らしい

❸ (1) エ (2) ア (3) ウ (4) イ

❹ (1) ア (2) イ

解説 ❸(1)先生への敬意を表す。(4)「重ねることができる」という可能の意味を表す。

❹(1)「ぬ」に置きかえられるアが助動詞。イは形容詞、ウは形容詞「危ない」の一部。

(2)「どうやら」を補っても自然なイが助動詞。アは「中学生らしい」で一語の形容詞。ウは形容詞「すばらしい」の一部。

ステージ 18

助詞について

助詞とは

❶ ①付属語 ②格助詞 ③副助詞 ④接続助詞 ⑤終助詞

❷ (1) イ (2) ウ (3) ア

❸ ①イ ②ウ ③ア

❹ (1) イ (2) ア (3) ウ

解説 ❷(1)「ながら」は、二つの動作が同時に行われていることを示す接続助詞。

❸③「より」は、比較《ひかく》の基準《きじゅん》を示す格助詞。

❹(1)「あじさいの」で、どんな花か、「花」(体言)を修飾《しゅうしょく》している。

(2)「雨が降る」と「が」に置きかえられるので主語。

(3)「飲むことが」と「こと」に置きかえられるので体言の代用。

ステージ 19 敬語

敬語について

❶ ①尊敬語 ②謙譲語 ③丁寧語

❷ (1) ウ (2) ア (3) イ

❸ (1) いらっしゃる(おいでになる) (2) 参る(うかがう) (3) 拝見する (4) ご覧になる

❹ (1) イ (2) ア (3) イ

解説 ❷(2)(3)「帰る」はお客様、「迎《むか》える」は自分の動作。
❹(1)「いらっしゃいます」が誤り。身内である母の動作には謙譲語《けんじょうご》の「参る」などを使う。(2)「いただいて」が誤り。相手の動作には尊敬語の「召《め》し上《あ》がる」を使う。(3)「おっしゃって」が誤り。身内である父の動作には謙譲語の「申《もう》す」を使う。

確認テスト ②章

❶ (1) クラスで／合唱の／練習を／始めた。
(2) 祖父は／朝から／釣りに／出かけて／いる。

❷ (1) クラス／で／合唱／の／練習／を／始め／た。
(2) 祖父／は／朝／から／釣り／に／出かけ／て／いる。

❸ (1) イ (2) ア (3) エ

❹ ①ア ②ク ③イ ④カ ⑤エ ⑥キ

❺ (1) イ (2) ア

解説 (1)アは物事が行われる意味を表す動詞。
(2)両方とも体言を修飾《しゅうしょく》しているが、イは「おかしい顔」と、連体形が「い」で終わっているので形容詞。

❻ (1) エ (2) オ (3) ア

解説 (1)は「どうして～か」、(2)は「少しも～ない」、(3)は「たぶん～だろう」で呼応している。

❼ (1) 飲め (2) 飲ま (3) 飲む (4) 飲め

解説 (1)あとに「ば」がついているので仮定形にする。
(2)あとに「ない」がついているので未然形にする。
(3)あとに「とき」がついているので連体形にする。

❽ (1) ア (2) イ

解説 (1)――線部の「ない」は「ぬ」に置きかえられないので補助形容詞。イは「ぬ」に置きかえることができるので助動詞。
(2)――線部の「られる」は、「先生に」とあるので受け身の意味。アは尊敬の意味を表す。

❾ (1) ア (2) ウ (3) イ

ステージ 20 文学的文章の特徴と構成

小説って?

(1) 最初 りんちゃん 最後 よかった。
(2) イ (3) ウ

解説 (1)最初の段落で、登場人物の「りんちゃん」の外見や性格について、説明されている。
(2)この場面で会話をしているのは、つばさとりんちゃん。会話は交互《こうご》に行うことをふまえ、口調にも注意して、どちらのセリフかを判断する。
(3)二人の会話から、りんちゃんとつばさは「一本松《いっぽんまつ》」へ「熊《くま》」を見に行こうとしていることがわかる。

ステージ 21

人物像を読み取る

どんな人物なのか

(1) 菅野七生

(2) ウ

(3) いちばん偉い

解説

(1)この場面の登場人物は「俺《おれ》」と「菅野七生《かんのななお》」の二人。「俺」の視点から書かれていることから考える。

(2)「そいつ」は自己紹介《じこしょうかい》もしないうちから「いきなり俺を『おまえ』呼ばわり」する、「不気味」で「言動はすごく変」なやつだが、「わがまま」や「乱暴《らんぼう》」さは読み取れない。

(3)最後の一文に、「こいつがこのクラブでいちばん偉《えら》いわけなんかな」とある。「このクラブ」とは吹奏楽部《すいそうがくぶ》のこと。

ステージ 22

心情を読み取る

気持ちの探し方

(1) ア

(2) 例 宇希恵が自分をからかっていると思い、少し腹を立てている。

(3) ア

解説

(1)あとに「笑《え》みが消えて」とあることから「苦笑《くしょう》」を選ぶ。葉奈《はな》は、宇希恵《うきえ》が「いい間違《まちが》えたのだろう」と思ったのである。

(2)「からかっているなら怒《おこ》るからね」や「いささかムッとする」から、葉奈が宇希恵に対して少し腹《はら》を立てていることがわかる。

(3)「まじまじと葉奈を見つめ」て「まじめな話だよ」と言う宇希恵の言動から、真剣《しんけん》な気持ちが読み取れる。

ステージ 23

心情の変化を読み取る

気持ちの変化の探し方

(1) 見られることも嫌

(2) 似合うよ

(3) ア

解説

(1)「なっちゃん」は、「最初はメガネ姿を川野《かわの》さんに見られることも嫌《いや》だった」とあるので、そこからあてはまる八字を抜《ぬ》き出す。

(2)川野さんが言ってくれた「似合うよ、なっちゃん」「いいフレーム選んだんだね」という言葉からあてはまる四字を抜き出す。

(3)「お母さんや店員さんにほめられたときとは違《ちが》って」、川野さんの言葉はうれしいと思えたことを表している。

ステージ 24

主題を読み取る

主題の探し方

(1) つながり

(2) 一つひとつ

(3) イ

解説

(1)――線部の次の文から、「音色」「演奏」「つながり」が、「あと少しでなくなってしまう」ことが寂《さび》しくて、息が苦しいと感じながらも、「演奏を終えたくな」いと思っていることを読み取り、字数に合うものを選ぶ。

(2)「私」がこの演奏を大事に思っていることを「宝物のように」と表現している。

(3)卒業式での演奏を通して「私」の気持ちは、四人のつながりがなくなる寂しさから、仲間と一緒《いっしょ》に吹《ふ》き終えた喜びへと変化している。

ステージ 25
随筆の特徴と構成
随筆って?

(1) 朝ごはん・宿題
(2) 心細くて自
(3) イ

解説
(1)最初の段落に注目すると、どのような場面かわかってくる。
(2)勉強机もあるのに、お櫃《ひつ》の上で宿題をやったのは、「心細くて自分の部屋ではやっていられなくなったのだろう」と、大人になった筆者は考えている。
(3)最後の段落から、当時のできごとが、どのように現在の筆者の記憶《きおく》に残っているかを探す。

ステージ 26
随筆における筆者の主張
筆者の主張

(1) 最初 小説を書き
最後 は何ですか
(2) 私ももちろ
(3) ア

解説
(1)最初の段落に、話題となる質問が述べられている。
(2)「私ももちろん……」から始まる段落に(1)の質問に対する筆者の体験が述べられている。
(3)ラブレターを書く理由は「好きな人がいたから」で、筆者はそれを「そんな判《わか》りきったことを、わざわざ訊《き》くべきではない」と述べている。同じように、小説家に、小説を書きはじめたきっかけを訊くことは意味がないことだというのが筆者の考えである。

確認テスト 3章

(1) 柏木由佳 大荷物

解説
(1)——線部①の直後の二文に注目すると、柏木《かしわぎ》由佳《ゆか》が大荷物を持って、いつもの二倍の体積になっている様子を「山のような人影《ひとかげ》」と表現していることがわかる。

(2) 実良 生徒指導

解説
(2)早弥《さや》が疑問に思ったのは、下級生が開けることになっている弓道場《きゅうどうじょう》の鍵《かぎ》を、なぜ三年生の柏木由佳が持ってきたのかということ。読み進めると、当番の実良《みら》が生徒指導の古賀《こが》先生につかまり引っ張られていくときに、柏木由佳に荷物と鍵を押《お》しつけたことが書かれている。

(3) ウ

解説
(3)直後の「ぼそっとつぶやく」や、最後の段落の「一方の早弥は……暗い気持ちになった」という部分は、早弥が、自分は、すぐに中《あた》りを連発した実良より劣《おと》っているという気持ちをもっていることを表している。そこから、正解は**ウ**の「劣等感《れっとうかん》」となる。

(4) ウ

解説
(4)後輩《こうはい》に大荷物を押しつけられても「さして怒《おこ》っているふうでもな」く、それどころか、自分が残してきた荷物の心配をしたり、荷物を押しつけた実良のことをほめたりしていることなどから**ウ**とわかる。

ステージ 27

説明的文章の特徴と構成

説明文・論説文って?

(1) A 1 B 2・3 C 4

(2) 最初 古代エジプ 最後 くったのか

(3) イ

解説

(1) 1段落で「古代エジプト人がどうやってパピルスで紙をつくったのか」という話題が述べられ、2・3段落でパピルス紙再現への苦労が語られ、その苦労談を根拠《こんきょ》として、4段落で、パピルス紙のつくり方という「いったん忘れ去られた技術」に対する筆者の意見が述べられている。

ステージ 28

指示語の種類と見つけ方

「それ」「これ」が指すもの

(1) 最初 「エライオ 最後 ー状の物質

(2) ②ア ④ウ

(3) ウ

解説

(1) アリの好物の物質は何かを、——線①の前から探す。

(2) ②スミレの種子が遠くへ運ばれる、④スミレの種子が散布される、のはアリのどのような行動によるのかを、それぞれ——線部の直前から探す。

(3) スミレが計算に入れているのはどのようなことかを、同じ段落から探す。

ステージ 29

接続語の種類と選び方

「だから」「しかし」のつながり

(1) ①ウ ②ア

(2) ①ア ②イ

(3) ウ

解説

(1)(2) ①のあとの「『敵に切られる前に切ること』が〜身についていない。」の一文は、①の前にある「飯炊《めした》きの火を〜打たれるようでは未熟です。」という部分の説明になっている。②のあとの「剣《けん》を持って向き合うときには〜必要でしょう。」の部分は、前の一文の内容につけ加えている。

(3) ③の前後関係を見る。「話の真偽《しんぎ》を知らない」と「ありそうなことだと思う」、「極意《ごくい》の言葉だけを見れば簡単」と「言葉が指す事実は広く深い」は、ともに逆接《ぎゃくせつ》の関係になっている。

ステージ 30

事実と意見の違い

事実と筆者の意見

(1) 事実 ⓐ ⓒ ⓓ
(順番は異なっていてもよい)
意見 ⓑ

(2) 偉い人、それは年寄り、という考え方

(3) エ

解説

(1) ⓐⓒⓓは役職についての事実。ⓑは、「老」という字を「としより」と読むことに対しての筆者の意見が述べられている。

(2) どのような考え方が大奥《おおおく》の役職名にも反映されているのかを、「考え方」という言葉に注目し、——線①の直前から探す。

(3) 「年寄《としより》とか老女」という役職名は、女性には抵抗《ていこう》があったのではないかという気もするが、そうではなかったようだ、という文脈から、「老」という言葉に良いイメージを抱《いだ》いていたことがわかる。

ステージ 31

理由の見つけ方

筆者の意見と理由

(1) A 永続性　B 意味

(2) しかし、話

(3) ウ

解説

(1)問題文にある「活用」「残し」という言葉を手がかりに、適切な字数の言葉を選ぶ。

(2)訓練を必要とする書き言葉の特徴《とくちょう》を、その前から探す。

(3)——線部のあとに、「まとまった話をメモに取りながら聞き、それを改めて文章にまとめるという方法」とあるので**ウ**を選ぶ。

ステージ 32

段落のつながりの見つけ方と役割

段落どうしの関係

(1) ア

(2) ウ

解説

(1)Aでは、「記憶《きおく》」について「自覚的、意志的」、「その気になって記憶する」けれども「覚えていられない」とし、それに対して、Bでは、「忘却《ぼうきゃく》」について「自動的で無自覚的」、「忘れたいと思っても思うように忘れられない」と、「記憶」と「忘却」を比較《ひかく》して説明している。

(2)Cでは、記憶と忘却という話題について、「記憶より忘却の方が人間にとって重大なものだ」という筆者の意見が、A、Bの説明を根拠《こんきょ》に述べられている。段落の最後の一文に、「〜だからなのだ」とあり、筆者の意見に対する理由を表している。

ステージ 33

要旨の見つけ方

要旨

(1) 失敗から学ぶ

(2) D

(3) ウ

解説

(1)A・Bでは「学ぶ」という言葉が繰《く》り返し出てくるが、指定字数に合わないのでさらに読み進めると、「失敗」という言葉が繰り返し登場し、失敗から学ぶことが話題であるとわかる。

(2)話題について、筆者の最終的な意見が、理由も含《ふく》めて最も強く表現されているのはD。

(3)「失敗から学ぶ」という話題と、失敗から学ぶ(失敗の原因をつかむ)ことで失敗は大きな意味を持つ、という筆者の結論が入っているものを探すと**ウ**になる。

確認テスト 4章

(1) A エ　B ア

解説 (1) [A]の前後では、手紙とメールを比較《ひかく》し、手紙は「過去のすべての関係が蓄積《ちくせき》され」るが、メールは「自分の伝えたいことを伝えるだけ」になると逆のことを述べている。[B]のあとでは、現代のさまざまな関係のあり方について、具体例を挙げて述べている。

(2) a 自分の思いを伝えること　b 情報の伝達

解説 (2) ――線部①のある段落から、手紙とメールの主目的の違《ちが》いについて、指定字数で抜《ぬ》き出す。

(3) その場かぎりの関係

解説 (3) ――線部②のあとを読むと「たちまち消える」とある。たちまち消える関係とはどういう関係かと、指示語の前を探すと、「その場かぎりの関係」だとわかる。

(4) イ

解説 (4) 筆者の意見は最後の段落に「使い捨てではない、しっかりとした関係を持ちながら生きていきたいと考える人々が、急速にふえてきた」と述べられている。それに合うものを選ぶ。

ステージ 34 詩の基礎知識 詩って？

(1) エ　(2) ウ　(3) 急いで渡る

解説 (2) 「私も　いくつかの橋を／渡《わた》ってきました」「あかるい青春の橋」などの表現から、この詩の「橋」は、人生の一時期、人生の節目をたとえたものだとわかる。アの「人と人との出会い」やイの「今まで乗り越《こ》えてきた困難」は、詩からは読み取れない。

(3) 「あの呼び声にひかれて／急いで渡るのでしょうか」がふつうの語順。語順を変えることで最後の一行の印象を強めている。

ステージ 35 短歌の基礎知識 短歌って？

❶ (1) A 四句切れ　B 三句切れ　(2) イ

❷ (1) みじかければ　(2) ア　(3) ウ

解説 ❶(1) Aは「高し」、Bは「寒し」でそれぞれ「。(句点)」が打てる。

(2) 湖の氷が解けても「なほ(やはり)寒」い、三日月なので月明かりもあまりない、ものさびしい情景をうたっている。

❷(2) 「家」という名詞(体言)で句が終わっているのでアになる。

(3) 瓶《かめ》にさした藤《ふじ》の花の先端《せんたん》が、たたみについているかどうかは、かなり低い視点からでないとわからないことなのでウになる。

ステージ 36

俳句って?

俳句の基礎知識

❶

(1) 季語 椿 季節 春

(2) A けり B や C や

(3) ウ

❷

(1) 季語 朝顔 季節 秋

(2) ア F イ D

解説

❶(1)旧暦《きゅうれき》では一~三月が春。「椿《つばき》」は春の季語。

(3)BとCの句末がそれぞれ「うらおもて」「冬木立《ふゆこだち》」と名詞(体言)で終わっている。擬人法《ぎじんほう》と直喩《ちょくゆ》は使われていない。

❷(1)旧暦では七~九月が秋。「朝顔」は秋の季語。

(2)Dの句は「夕立にずぶぬれになり、ふと見るとお地蔵さんもずぶぬれ」という内容である。一緒《いっしょ》にぬれてくださるお地蔵さんへの親近感や感謝の思いが感じられるのでイにあたる。自由律《じゆうりつ》俳句の句。

確認テスト 5章

❶

(1) ア (2) 人に (3) イ

解説

(1)「きつぱりと」「きりきりと」は、冬が来たことや、冬の厳《きび》しさを表現している。

(3)人がいやがる冬に対して「冬よ/僕《ぼく》に来い」と、その厳しい季節を歓迎《かんげい》する言葉を述べている。ここから、冬の厳しさや人生の困難なできごとをむかえうとうとする作者の強い気持ちが読み取れる。

❷

(1) A・C(順番は異なっていてもよい。)

(2) 銀杏

(3) ア B イ C ウ A

解説

(1)AとCは四句切れ。Bは二句切れ。

(3)Aは、銀杏《いちょう》の葉が夕日を浴びて金色に輝《かがや》いて散る様子をうたっている。Bは、海と空の青に染まることなくいる純白の鳥の姿に、孤独《こどく》や悲しみを感じてうたっている。Cは、街の子供から蜜柑《みかん》の香《かお》りがしたことから、冬の訪《おとず》れを感じている。

❸

(1) 記号 F 季語 蚊 季節 夏

(2) 切れ字 や 句切れ 初句切れ

(3) ア E イ D ウ F

解説

(1)Fの季語は「蚊《か》」で、季節は夏。Dの季語は「天河《あまのがわ》」、Eの季語は「すすき」で、ともに季節は秋。

(2)切れ字は「や」「かな」「けり」などがある。切れ字のあるところが句切れとなる。

(3)Dは、佐渡《さど》の荒海《あらうみ》にかかる天河の景色を体言止めで表現している。Eは、本来軽い「すすき」に重さを感じた驚《おどろ》きを表現している。Fは、木魚《もくぎょ》が蚊を「叶《は》く」と人にたとえ、それをたたいてお経《きょう》を読む様子を楽しく表現している。

ステージ 37

古文の基礎知識

古文って？

❶ ①江戸　②文語

❷ ウ・エ
（順番は異なっていてもよい）

❸ (1) イ
(2) が

解説
❷古文も多くは、漢字と仮名《かな》を使った、漢字仮名交《ま》じり文で書かれているのでアはまちがい。また、古文では現代語では使われなくなった言葉も使われるのでイもまちがい。
❸(1)『枕草子《まくらのそうし》』は平安《へいあん》時代に、清少納言《せいしょうなごん》によって書かれた随筆《ずいひつ》である。
(2)「山ぎわが」の「が」が、省略されている。

ステージ 38

歴史的仮名遣いの読み方

歴史的仮名遣い

❶ ①はひふへほ　②わいうえお
③じ　④ず　⑤い　⑥え
⑦わゐうゑを

❷ (1) あわれ　(2) ほのお
(3) おうぎ
(4) うつくしゅう
(5) ちょうちょう
(6) よろず　(7) あじさい
(8) ゆくすえ
(9) たたかわん　(10) おとこ

解説
❷(2)「ほのほ」を「おのお」としないように注意。
(3)「ア段」＋「う・ふ」は「オー」と読み、「おう」と書く。
(4)「イ段」＋「う・ふ」は「〇ュー」と読み、「〇ゅう」と書く。
(5)「エ段」＋「う・ふ」は「〇ョー」と読み、「〇ょう」と書く。

ステージ 39

古語の意味

重要な古語

❶ ①だんだん
②言うまでもない
③趣がある

❷ (1) イ　(2) ア

❸ (1) 九月　(2) 十二月
(3) 三月

解説
❶②「さらなり」の訳は「言うまでもない」である。
❷(1)古語の「うつくし」は小さいもの、幼いものを「かわいらしい」と眺《なが》める気持ちを表す。
(2)「つれづれなり」は、何もすることがなく、手持ちぶさたで退屈《たいくつ》なさまを表す。

ステージ 40

省略されている助詞や主語を補う

省略を補う

(1) が
(2) 竹取の翁
(3) 翁・三寸ばかりなる人

解説
(1)六つの□すべてに、主語を表す「が」が入る。
(2)登場人物は、「竹取《たけとり》の翁《おきな》」と「三寸ばかりなる人」の二人。だが、ここで登場しているのは「竹取の翁」だけなので、主語は「竹取の翁」だとわかる。
(3)〔訳〕を参考にして考える。「連れて来た」の主語は「竹取の翁」。一字なので「翁」にする。「手にのせ」たのは「三寸ばかりなる人」である。

ステージ 41

古文特有の助動詞／格助詞「の」と「が」の意味

古文の助動詞・助詞

❶ ①ず ②なり ③の

❷ (1) ア (2) イ

❸ (1) イ (2) ア

❹ (1) イ (2) ア

解説

❷(1)「けり」は過去を表し、「〜た」と訳す。
(2)「ず」は打ち消しを表し、「〜ない」と訳す。

❸(1)「なり」は断定を表し、「〜である」と訳す。
(2)「ぬ」は完了《かんりょう》を表し、「〜た」と訳す。

❹(1)雪が降っている朝は、と訳せる。
(2)秀衡《ひでひら》の館《やかた》のあとは、と訳せる。

ステージ 42

係り結びのきまり

係り結びって？

❶ ※——線を引く部分を載《の》せています。
(1) ぞ (2) か

❷ (1) ウ (2) ア

❸ (1) イ (2) ア

❹ (1) 連体形 (2) 已然形

解説

❷(1)「尊《たふと》くこそ」の「こそ」が係りの助詞。文末は已然形《いぜんけい》になる。
(2)「いづれか」の「か」が係りの助詞。文末は連体形になる。

❹(1)係りの助詞「ぞ」があるので、「ける」は連体形。
(2)係りの助詞「こそ」があるので、「ものぐるほしけれ」は已然形。

ステージ 43

和歌の基礎知識

和歌って？

❶ ①五七五七七 ②掛詞 ③枕詞

❷ (1) ア (2) 三句切れ
(3) ①離れ ②枯れ （順番は異なっていてもよい）
(4) ちはやぶる

解説

❷(1)アの歌の結句(五句)が、通常七音のところ八音になっている。
(2)「一段と強くなることだ」と、ここで意味が一度切れている。
(3)「かれ」には、「人目が離《か》れる(人の訪《おとず》れがなくなる)」と、「草が枯《か》れる」の二つの意味が掛《か》けられている。
(4)「ちはやぶる」は、「神」という言葉を導き出す枕詞《まくらことば》。

ステージ 44

漢文の基礎知識

漢文って？

❶ ①白文 ②返り点 ③送りがな ④訓点 ⑤訓読

❷ (1) A ウ B イ C ア
(2) 置き字

解説

❷(1)「白文」は、漢字だけで書かれたもとの文章。「訓読文《くんどくぶん》」は白文に訓点をつけたもの。「書き下《くだ》し文」は訓読文を訓点に従って、漢字仮名《かな》交じりで書いたもの。
(2)訓読するときに読まない文字を「置き字」という。書き下し文にするときも書かない。

ステージ 45
返り点の読み方
漢文のルール

❶ ①レ点　②一・二点
③上・下点　④ひらがな

❷ (1) 4レ 3レ 2レ 1。
(2) 6二 1 3レ 2 5レ 4。
(3) 6下 1 4二 2 3一 5上。

❸ (1) 5二 1 2 3 4一。
(2) 2レ 1 5二 3 4一。
(3) 5レ 4二 2レ 1 3一。

❹ (1) 春眠暁を覚えず
(2) 故人西のかた黄鶴楼を辞し

解説 ❷(2) レ点に注意する。真下の字から先に読むこと。
(3) 一・二点と上・下点がある場合は、一・二点を先に読む。

ステージ 46
漢詩の基礎知識
漢詩って？

(1) 五言律詩
(2) 対句
(3) ウ

解説 (1) 詩の下段にある訓読《くんどく》文に注目する。一行五字(五言《ごごん》)で八行あるので五言律詩《りっし》。
(2) 意味や形式が対《つい》になっているとなり合った二つの句を、対句という。
(3) アは「白頭搔《はくとうか》けば更《さら》に短く／渾《すべ》て簪《しん》に勝《た》へざらんと欲《ほっ》す」の部分があたる。イは「烽火三月《ほうかさんげつ》に連《つら》なり／家書万金《かしょばんきん》に抵《あた》る」の部分があたる。エは「国《くに》破れて山河《さんが》在《あ》り／城《しろ》春にして草木深《そうもくふか》し」の部分があたる。ウがあつかわれていない。

確認テスト 6章

❶ (1) ①もうでけり
②おわしけれ
(2) 知りたかったけれど
(3) ア
(4) ぞ

解説 (1)① 「ア段＋う」は「オー」と読むので、「まう」を「もう」にする。
② 語頭と助詞以外の「はひふへほ」は「わいうえお」に置きかえて読むので、「は」を「わ」にする。
(3) 「神へ参るこそ本意《ほい》なれ(石清水八幡宮《いわしみずはちまんぐう》をお参りすることこそが本来の目的である)」と思ったのは、実際にお参りしている、仁和《にんな》寺《じ》の法師《ほうし》。
(4) 係りの助詞「ぞ」と「ける」で係り結びが成立している。

❷ (1) 有リ下 朋 自リ二 遠 方一 来タル上
(2) エ
(3) 人知らずして慍みず
(4) 立派な人物

解説 (1) 「遠方より」は、「方」から二字上の「自」に返るので一・二点を使い、「来たる有り」は「来」から一・二点をはさんで「有」に返るので、上・下点を使う。
(2) 「亦説《またよろこ》ばしからずや」「亦楽しからずや」「亦君子《くんし》ならずや」と、似た文が三つ並んでいることから、前後の二つと同じ形のエを選ぶ。
(3) 打ち消しの助動詞「不」はひらがなにする。置き字の「而」は書かない。
(4) (訳)の「子《し》」の言葉の最後で、「君子」を、「立派な人物」と表現している。

②